Paul Jörs

Die Ehegesetze des Augustus

Paul Jörs

Die Ehegesetze des Augustus

ISBN/EAN: 9783955640248

Auflage: 1

Erscheinungsjahr: 2013

Erscheinungsort: Bremen, Deutschland

EHV
HISTORY

DIE EHEGESETZE

DES

AUGUSTUS

VON

PAUL JÖRS
PROFESSOR IN GIESSEN

MARBURG
N. G. ELWERT'SCHE VERLAGSBUCHHANDLUNG
1894

Die Ehegesetze des Augustus.

Als Augustus im Jahre 725/29 nach Beendigung der Bürgerkriege triumphirend in Rom einzog, hatte er die grössere Hälfte seiner Arbeit noch vor sich. Es galt jetzt der erschöpften Welt den langersehnten und blutig erkämpften Frieden zu bewahren, es galt die Staatsverfassung ohne Bruch mit der Vergangenheit in die Bahnen des Principats hinüberzuleiten und die lebenden Geschlechter mit den neuen Verhältnissen auszusöhnen, es galt vor allen Dingen die in den hundertjährigen Bürgerkriegen verwilderte Gesellschaft auf neue Grundlagen zu stellen. Diesen letzteren Teil seiner Aufgabe hat er vorzugsweise durch seine Ehegesetze zu lösen gesucht. Nur mit wenig Worten gedenkt er in der berühmten Uebersicht seiner Taten, dem Monumentum Ancyranum, dieser seiner Wirksamkeit (2, 12 ff.): *Legibus novi*[*s latis complura e*]*xempla maiorum exolescentia iam ex nost*[*ro usu reduxi et ipse*] *multarum rer*[*um exe*]*mpla imitanda pos*[*teris tradidi*]. Und doch erstreckt sie sich über die ganze Zeit seiner Alleinherrschaft: sie beginnt gleich nach dem aegyptischen Kriege und hat ihn bis in seine letzten Lebensjahre beschäftigt.

Im folgenden soll versucht werden, die einzelnen Acte dieser Gesetzgebung, soweit das nach unseren Quellen möglich ist, klar zu stellen [1]), ihr Verhältnis zu einander zu untersuchen

1) Die Frage hat seit lange die Forschung beschäftigt. Nach den ersten Versuchen von Lipsius (Exc. zu Tac. Ann. 3, 25) und Ramos del Manzano (Ad leg. Jul. et Pap. Comm. in Meermanns Thesaurus V 55 ff.) hat Heineccius (Ad leg. Jul. et P. P. Comm. 3. Aufl. Genf 1747. S. 38 ff.) sie zu lösen unternommen und ist zu dem Resultat gelangt, dass die

und ihre Spuren in den Berichten der Historiker wie den Stimmen der Zeitgenossen zu verfolgen. Zur Lösung dieser Aufgabe wird es natürlich an vielen Punkten nötig sein auf den Inhalt der einzelnen Gesetze einzugehen. Hierzu gehört vor allen Dingen die Feststellung, was von dem uns bekannten Material der Ehegesetze der Lex Iulia de maritandis ordinibus und was der Lex Papia Poppaea angehört. Ich habe diese Arbeit schon früher unternommen[1]) und werde mich im folgenden, wenn es auf den Inhalt der beiden Gesetze ankommt, kurz darauf beziehen.

Lex Iulia de maritandis ordinibus erst im Jahre 4/757 geltendes Recht geworden sei. Diese Ansicht ist, so unhaltbar sie ist, in der juristischen Litteratur auch heute noch als die herrschende zu bezeichnen. Vgl. Bach Hist. iurispr. Rom.^{6} 323 f.; Wächter Ueb. Ehescheidungen b. d. Röm. 125; Schweppe R. RG.^{3} 77; Puchta Inst. I^{10} 296 f.; Rudorff R. RG. I 69; Esmarch R. RG.^{3} § 102; Salkowski Inst. 23; Padeletti Stor. d. dir. R. Cap. 38; Hölder Inst. 280; Sohm Inst.^{4} 358; Baron Inst. 74; Czyhlarz Inst.^{3} 13; auch Schulin R. RG. 99 gehört hierher, obwol er ganz unmögliche Jahre bringt. Freilich haben wol die wenigsten der hier genannten Autoren die Frage selbständig nachgeprüft. Eine andere Ansicht hat Wenck aufgestellt, indem er den Beginn der Geltung des iulischen Gesetzes in das Jahr 741/13 verlegt. Ihm folgen Zimmern Gesch. d. R. Priv. R. I, 110 f.; Rein Privatr. u. Civilpr. d. R. 461 ff.; Gitzler Quaest. de lege Iul. et P. P. I, 5 ff.; Danz R. RG. I 98. Erst in der neueren Zeit findet sich die allein mögliche Fixirung der Lex de mar. ord. auf 736/18 oder 737/17, unter den Juristen m. W. zuerst bei Walter R. RG. I^{3} 517; dgl. Kuntze Inst. II 259; Cogliolo zu Padeletti a. a. O. S. 487 h; Wlassak Processgesetze I 185; Karlowa R. RG. I 617. Vgl. ferner Marquardt R. Privataltertümer^{2} 75 f.; Mommsen R. StR. II^{3} 882; auch Marx De Sex. Propertii vita et libr. ordine temporibusque 19 ff. — Auf eine Polemik gegen alle Ansichten, welche die Lex de mar. ord. im Jahre 737/17 nicht als geltendes Recht anerkennen, gehe ich im folgenden nicht ein, denn über die Beweiskraft einer Urkunde wie das SC. de ludis saecularibus kann man meines Erachtens nicht streiten. Meine Aufgabe ist die im Text angegebene.

1) »Ueber das Verhältnis der Lex Julia de mar. ord. zur Lex Papia Poppaea« Diss. Bonn 1882. Um den langen Titel zu vermeiden, soll die Schrift hier immer mit I. P. P. citirt werden.

Die Ehegesetzgebung vor 735/19.

In consulatu sexto et septimo, b[ella ubi civil]ia exstinxeram per consensum universorum [potitus rerum omn]ium, rem publicam ex mea potestate in senat[us populique a]rbitrium transtuli.

Mit diesen Worten schildert Augustus[1]) die Hinüberleitung des römischen Staates aus dem seit 711/43 bestenden Ausnahmezustand in die ordentliche Verfassung. Er gab die von ihm bisher festgehaltenen Machtbefugnisse während des Jahres 762/28 und zu Anfang 727/27 dem Senat und Volk zurück[2]), hob dann alle bis zum Jahre 726/28 getroffenen verfassungswidrigen Ausnahmemassregeln durch ein allgemeines Edict auf und übernahm schliesslich auf Bitten des Senats am 16. Januar 727/27 den Namen Augustus und das Imperium[3]). Im Verein mit dieser Auflösung seiner Alleinherrschaft begann Augustus die Neuordnung des Staates. Eine Reihe der wichtigsten grundlegenden Gesetze und Verordnungen entstammt den Jahren 725/29 bis 727/27[4]). Unter diesen befindet sich der erste Ver-

---

1) Mon. Anc. 6, 13 ff. (gr. 17, 17 ff.).

2) Dio nennt uns (52, 13; 53, 4. 5. 9; 56, 39): *τὰ ὅπλα, τὰ ἔθνη, τὰ ὑπήκοα, τὰ χρήματα, τὰς προσόδους, τὰς ἀρχὰς, τοὺς νόμους* d. i. Commando, Provinzen, Finanzen und Zölle, Vergebung der Aemter, Gesetze (Verordnungsrecht).

3) Mommsen Mon. Anc.[2] 145 ff., StR. II[3] 745 ff. 845. 847.

4) Ueber die wichtigsten der hierher gehörenden Stellen (Dio 53, 21; Tac. Ann. 3, 28; Flor. 2, 34; Oros. 6, 22) wird gleich näher zu reden sein. Vgl. ferner Vellei. 2, 89: *Finita vicesimo anno (705/49—725/29) bella civilia, ... revocata pax, ... restituta vis legibus, iudiciis auctoritas, senatui maiestas; ... leges emendatae utiliter, latae salubriter; senatus sine asperitate nec sine severitate lectus (726/28).* Hieronymus a. Abr. 1988 (725/29), zwischen dem Triumph des Augustus (725/29) und dem Census (726/28): *Augustus Romanis plurimas leges statuit*; vgl. dazu die armen. Uebersetzung des Eusebios bei Schöne S. 140 und Synkellos Chronogr. S. 592 Dindorf: *Αὔγουστος Ῥωμαίοις ἐνομοθέτησε.* Cassiodor Chr. zu 727/27: *Caesar leges protulit, iudices ordinavit, provincias disposuit et ideo Augustus cognominatus est.* Diese Notiz ist deswegen von Bedeutung, weil sie auf Livius zurückgeht; vgl. Mommsen Abh. d. Sächs. Ges. d. W. ph.-hist. Cl. III 551 f.; die Periocha 134 bemerkt z. T. in wörtlicher Uebereinstim-

such des Kaisers die gesunkenen Sitten und Ehezustände zu bessern [1]). Ihm müssen wir jetzt unsere Aufmerksamkeit zuwenden und unsere Behauptung näher zu begründen suchen.

I.

Zunächst handelt es sich darum, nachzuweisen, dass überhaupt ein Ehegesetz in den Jahren 725/29 bis 727/27 erlassen worden ist.

1. Eine directe Erwähnung eines solchen Gesetzes haben wir nur bei Properz (II 7):

---

mung: *Caesar rebus compositis et omnibus provinciis in certam formam redactis Augustus quoque cognominatus est.* Der Auffassung von Wlassak (R. Processg. I 185, 23) über die Wertlosigkeit dieser Nachricht kann ich mich nicht anschliessen. Mommsen spricht an der von W. angezogenen Stelle (S. 568) nur von den mit dem Jahre 31/784 beginnenden Auszügen aus Hieronymus und Prosper. Vgl. ferner Verg. Aen. I 292 f.: *Remo cum fratre Quirinus Iura dabunt*; und dazu Servius: *Vera tamen hoc habet ratio: Quirinum Augustum esse, Remum vero pro Agrippa positum.*

1) Vielleicht rührte der Plan zu dieser Gesetzgebung schon von Caesar her. Im Jahre 708/46 sagt nämlich Cicero (p. Marc. 23): *Omnia sunt excitanda tibi, C. Caesar, uni, quae iacere sentis belli ipsius impetu, quod necesse fuit, perculsa atque prostrata: constituenda iudicia, revocanda fides, comprimendae libidines, propaganda suboles, omnia quae dilapsa iam diffluxerunt, severis legibus vincienda sunt.* Eine ganz ähnliche Motivirung wie sie später bei Augustus Gesetzen wiederkehrt. Dass diese Gesetze über *comprimendae libidines* (Ehebruch?) und *procreanda suboles* wirklich von Caesar erlassen seien, wird nirgends überliefert. Auch aus Dio 43, 25 (zum Jahre 708/46): πολυπαιδίας ἆθλα ἐπέθηκεν lässt sich nichts Bestimmtes entnehmen. Nur einzelne Massnahmen Caesars, welche den augustischen Ehegesetzen entsprechende Vorschriften aufweisen, begegnen. Die eine rührt schon aus früherer Zeit her: in seiner Lex agraria von 695/59 hatte Caesar den Bürgern, welche drei oder mehr Kinder hatten, Ackerloose zugewiesen (Suet. Caes. 20; Appian Bürg. 2, 10; Dio 38, 7). Die andere gehört Caesars späteren Jahren an: Hieronymus bemerkt z. J. Abr. 1971 (708/46): *Prohibitae electris margaritisque uti quae nec viros nec liberos haberent et minores essent annis XLV*; vgl. dazu Suet. Caes. 43: *Lecticarum usum, item conchyliatae vestis et margaritarum nisi certis personis et aetatibus perque certos dies ademit.* Aehnliche Bestimmungen hat später die Lex de mar. ord. aufgenommen.

Gavisa es certe sublatam, Cynthia, legem,
qua quondam edicta flemus uterque diu,
ni nos divideret.

Das zweite [1]) Buch dieses Dichters lässt folgende Datirungen zu [2]): dem Jahre 726/28 gehört die Elegie II 31 an wegen der darin besungenen Einweihung des Tempels des palatinischen Apollo; El. II 34, 91 spricht von dem 727/27 oder 728/26 erfolgten Tode des Cornelius Gallus; El. II 10 ist wegen der darin erwähnten indischen Gesandtschaft [3]) und des vor Augustus zitternden Arabiens [4]) wenigstens mit grosser Wahrscheinlichkeit in das Jahr 728/26 oder 729/25 zu setzen. Vor 726/28 und nach 729/25 führt keine sichere Spur des zweiten Buches. Nehmen wir noch hinzu, dass das dritte uns durch die Erwähnung des Todes des Marcellus (III 18) im Jahre 731/23 einen sicheren Anhalt gewährt, so ergiebt sich aus Properz, dass ein Ehegesetz des Augustus erlassen und innerhalb der Jahre 726/28 bis 731/23 wieder aufgehoben wurde. Indessen wird es möglich sein, die Grenzen noch näher einzuschränken. An sich wäre ja denkbar, dass das fragliche Gesetz nicht von Augustus selbst sondern in seinem Auftrage von andern Magistraten dieser Jahre rogirt worden sei. Beispiele dafür liefern gerade seine sozialpolitischen Gesetze mehrfach (Lex Aelia Sentia, Fufia Caninia, Papia Poppaea). Indessen lässt die Haltung und der Ton unserer Elegie das hier wenig glaubhaft

1) Ich habe mich an die überlieferte, nicht an Lachmanns Zählung der Bücher angeschlossen.

2) Litteraturnachweise bei Teuffel R. LG. § 246, 3.

3) Oros. 6, 21; Hieron. a. Abr. 1991 (728/26); vgl. Mommsen Mon. Anc.[2] 133.

4) Die Worte *et domus intactae te tremit Arabiae* sind jedenfalls vor dem Beginn des Feldzuges des Aelius Gallus (729/25) und namentlich vor dessen Misserfolg 730/24 (vgl. Mommsen Mon. Anc.[2] 106 ff.; R. G. V 608 ff.) geschrieben. Dass dieser arabische Krieg schon 728/26 beabsichtigt wurde, und dass der Plan des Kaisers schon damals dem Properz bekannt sein konnte, zeigt die gleichzeitige Erwähnung mit dem ebenfalls beabsichtigten (Dio 53, 22) und in diesem Jahre wieder aufgegebenen (Dio 53, 25) britannischen Feldzuge des Augustus bei Horaz Od. I 35, 29 ff.; vgl. III 4, 33; III 5, 3; auch I 29, 1 ff.

erscheinen. Der Dichter richtet seine Pfeile direct gegen den Kaiser (5 f.):

at magnus Caesar. sed magnus Caesar in armis
devictae gentes nil in amore valent.

Wenn aber Augustus selbst der Urheber des Gesetzes war, so sind wir auf die Zeit seiner Anwesenheit in Rom beschränkt, das heisst auf die Zeit von seinen Triumphen im August 725/29 bis zu seinem Aufbruch nach Gallien, etwa Mitte 727/27, und von seiner Rückkehr im Jahre 730/24 bis zur Abreise nach dem Osten 732/22. Von diesen beiden Zeiträumen hat der erstere die grössere Wahrscheinlichkeit für sich, weil wir damit innerhalb der sonst für das zweite Buch des Properz nachweisbaren Grenzen bleiben und das Ehegesetz auch sachlich am besten zu den jenen Jahren angehörenden reorganisatorischen Gesetzen des Augustus passt.

2. Wie schon gesagt, findet sich ausser dieser Stelle des Properz in den Quellen keine directe Erwähnung des Gesetzes. Jedoch lassen sich eine Reihe von Andeutungen nachweisen, aus denen man mit grösserer oder geringerer Sicherheit Schlüsse auf dasselbe ziehen kann.

Tacitus berichtet (Ann. III 25) von einer Revision der Lex Papia Poppaea unter der Regierung des Tiberius im Jahre 20/773. Er spricht von der Erfolglosigkeit der augustischen Ehegesetze und dem Unwesen der Delatoren und knüpft daran einen allgemeinen Excurs: *ea res admonet, ut de principiis iuris et quibus modis ad hanc multitudinem infinitam ac varietatem legum perventum sit, altius disseram.* Das hier angedeutete Thema wird weiter ausgeführt (Cap. 26—28). Von den glücklichen Urzuständen ausgehend, in denen niemand etwas unsittliches begehrte und keine Abschreckung nötig war, schildert der Schriftsteller, wie allmählich Selbstsucht, Ehrgeiz und Verfall der guten Sitte zur Herrschaft Einzelner und zum Erlass von Gesetzen führte, wie dann die Gesetzgebung immer mehr von den Machthabern missbraucht wurde: *et corruptissima re publica plurimae leges.* Hierauf wird des dritten Consulats des Pompeius (702/52) gedacht *(tertium consul corrigendis moribus delectus)*, der Bürgerkriege unter Caesar und den Triumvirn; schliesslich heisst es: *Sexto demum consulatu Caesar Augustus potentiae securus quae triumviratu iusserat abolevit deditque iura, quis pace et principe uteremur. acriora ex eo vincla inditi custodes et lege Papia Poppaea praemiis inducti* u. s. w. Es fragt sich, bei welcher Stelle Tacitus in diesem Excurs von den allgemeinen Betrachtungen wieder auf das spezielle Gebiet der Ehegesetze zurückkehrt, das ja bei jenen höchstens durch die Gegenüberstellung von *mos* und *ius* oder *lex* festgehalten wird. Ohne Frage nicht schon bei der Erwähnung des Pompeius: dessen Gesetze über *ambitus* und *vis* über die städtischen Magistraturen und die Statthalterschaften, die Tacitus hier zweifellos ihm Auge hat [1]), sind Sittengesetze nur in sehr allgemeinem Sinne und können nicht als Analoga der augustischen Ehegesetze in Betracht kommen. An und für sich brauchte auch bei der Erwähnung der neuen grundlegenden Gesetze des Augustus in seinem sechsten Consulat noch nicht an die Ehegesetze gedacht zu sein; dasselbe gilt von der Bemerkung, dass seitdem die Fesseln drückender wurden. Wenn aber der Schriftsteller nun fortfährt ‚es wurden Wächter eingesetzt', so kann die Antwort auf die Frage, welchem Zwecke diese Wächter dienen sollten, nur aus der nun folgenden Erwähnung der Delatoren des papisch poppaeischen Gesetzes entnommen werden: es müssen also Wächter gemeint sein, welche dem Aerar Anzeige der *caduca* zu erstatten hatten, Da nun aber diese Wächter nach Tacitus Worten [2]) schon vor der Lex Papia Pappaea vorhanden waren, so ist notwendig, dass der

1) Man vergleiche *suarumque legum auctor idem ac subversor* mit Dio 40, 56; Plut. Pomp. 55; Cic. ad Att. 8, 3, 3. Das Bild des Arztes, der die Schäden der Zeit heilt, kehrt wieder bei App. Bürg. 2, 23; Plut. Pomp. 55.

2) Ich glaube, dass wir zu einer so stricten Interpretation befugt sind, trotzdem in demselben Satz zwei kleine Ungenauigkeiten begegnen: ‚Augustus' im Jahre 726/28 und die *vacantia* statt der *caduca*. Ersteres ist kaum zu vermeiden, wenn man über des Kaisers Taten im ganzen spricht — man wird hoffentlich dieser Arbeit keinen Vorwurf aus demselben Fehler machen —; letzteres ist eine Kleinigkeit und nicht anders zu beurteilen, als wenn heute ein Laie Besitz und Eigentum oder Erbschaft und Vermächtnis verwechseln wollte.

Schriftsteller schon vorher, das heisst bei den Worten *deditque iura quis pace et principe uteremur*, an ein der Lex Papia Poppaea ähnliches Gesetz gedacht hat. Unter den Staatsgrundgesetzen von 726/28 muss also nach Tacitus Darstellung auch — ich sage nicht »nur« — ein Ehegesetz einbegriffen sein. Nun muss allerdings auffallen, dass Tacitus hier wol von der Gesetzgebung von 726/28 und von 9/762, nicht aber von der wichtigen Lex Iulia de maritandis ordinibus von 736/18 gesprochen haben sollte. Indessen da uns auch Dio [1]) berichtet, dass dies Gesetz eine Verschärfung gegenüber dem früheren darstellte, so darf man vielleicht die Vermutung wagen, dass bei den *acriora vincla* des Tacitus darauf hingedeutet werden sollte [2]). Wir würden dadurch eine chronologisch und sachlich richtige Aufzählung der drei augustischen Ehegesetze gewinnen, deren jedes eine Verschärfung gegenüber dem früheren darstellt [3]).

3. Von grosser Wichtigkeit für unsere Behauptung eines Ehegesetzes in der Zeit der Restauration des römischen Staates durch Augustus sind die drei ersten Bücher der Oden des Horaz. Sie gehören sämmtlich der Zeit vor 731/23 an. Wenn wir darin Hindeutungen auf Augustus Bestrebungen, Ehe- und Sittenzustände zu bessern, finden, so beziehen sich diese also

---

1) Dio 54, 16 βαρύτερα τὰ ἐπιτίμια ἐπέταξε. Das Nähere s. unten.

2) Delatoren auf Grund der Lex de mar. ord. sind sonst nicht bekannt; dass aber dieses Gesetz dasselbe Feld für ihre Tätigkeit schaffte wie die Lex Papia Poppaea, zeigt Gaius 2, 150, wo sicherlich von einer den Erwerb der Caduca durch den Staat betreffenden Bestimmung der Lex Iulia die Rede ist.

2) Fraglicher ist, ob man auch den Plural *Iuliae rogationes* in Cap. 25 in diesem Sinne, also auf die beiden Gesetze von 726/28 und 736/18 deuten darf. Ein solcher Plural begegnet öfter bei Tacitus, auch wenn nur an ein Gesetz gedacht ist, vgl. 3, 33: *Oppiae leges*; 12, 60: *Semproniae rogationes, Serviliae leges*; 15, 20: *ambitus Iuliae leges, Calpurnia scita.* Jedenfalls halte ich die von Marquardt (Priv. Alt.[2] 75, 3) vertretene Beziehung der *Iuliae rogationes* auf die bei Sueton Aug. 34 aufgezählten vier iulischen Gesetze für unzutreffend, weil der Zusammenhang bei Tacitus (Cap. 25) notwendig Gesetze ähnlichen Inhalts wie die Lex Papia Poppaea fordert.

jedenfalls nicht auf die Lex de maritandis ordinibus: vielleicht wird es gelingen, auch hier genauere Zeitbestimmungen zu ermitteln.

Eine ganze Reihe der Gedichte [1]), welche die Laster der Zeit, das ungezügelte Streben nach Reichtum, den unsinnigen Luxus, die Zucht- und Sittenlosigkeit geisseln, ist in den Jahren nach der aktischen Schlacht entstanden, namentlich die berühmten sechs Lieder im Anfang des dritten Buches, die ‚dichterische Weihe des grossen Neubaues des Augustus' [2]). Mit der Ehe und Familie speziell befasst sich die letze dieser Oden (III 6). Als Urgrund alles Elendes und aller Niederlagen werden hier die traurigen Sittenzustände genannt: wenn Zuchtlosigkeit in der Familie, Geringschätzung der ehelichen Treue weiter um sich greifen, so droht eine völlige Entartung des römischen Volkes. Ehrfurcht vor den Göttern und Wiederaufrichtung ihrer Heiligtümer ist die erste Voraussetzung der Rückkehr glücklicherer Zeiten. Dass der Dichter hier die von Augustus im Jahre 726/28 ausgeführte Wiederherstellung von zweiundachtzig Tempeln in Rom [3]) im Auge hat, ist klar. Sie ist aber erst beabsichtigt, noch nicht vollzogen [4]). Ebenso ist im folgenden, wo über die Ehe gehandelt wird, von einem erlassenen oder auch nur promulgirten Gesetz noch nicht die Rede. Nichts desto weniger können wir das Gedicht für dessen Datirung verwerten.

Es ist gewiss kein Zufall, dass hier zwei der Verbrechen, welche später die Lex Iulia de adulteriis unter Strafe stellte, erwähnt werden: V. 25 f. handelt zweifellos von dem Ehebruch der Frau

---

1) Vgl. ausser den näher zu besprechenden noch Od. I 2 (vielleicht ist im V. 47 (*vitiis iniquus*) speziell an die Sittenzustände gedacht, welchen der Kaiser entgegenzutreten beabsichtigte oder schon entgegengetreten war); I 35; II 15—18.

2) Mommsen Ber. d. Berliner Akad. d. W. 1889, 24 ff.

3) Mon. Anc. 4, 17, vgl. 6, 37; das Jahr giebt Dio 53, 2.

4) Es heisst ‚*donec templa refeceris*'. Auch hätten die Verse wol kaum so geschrieben werden können, wenn die viel besungene Einweihung des palatinischen Apollotempels (9. October 726/28) schon vor sich gegangen wäre. Ich kann aus diesen Gründen Kiessling, der das Gedicht in die Zeit bald nach 726/28 verweist, nicht zustimmen.

mox iuniores quaerit adulteros
inter mariti vina,

V. 29 f. von dem Lenocinium [1])

sed iussa coram non sine conscio
surgit marito.

Es ist sogar möglich, dass in den folgenden Versen (21 ff.)

motus doceri gaudet Ionicos
matura virgo et fingitur artibus
iam nunc et incestos amores
de tenero meditatur ungui

noch auf ein drittes Delict jenes Gesetzes, das Stuprum [2]) hingedeutet werden sollte: die mannbar gewordene Jungfrau sinnt schon jetzt (ehe sie verheiratet ist) bis in die Fingerspitzen hinein auf unzüchtige Liebschaften. Die Aufzählung dieser von dem späteren Gesetz bestraften zwei (oder drei) Verbrechen giebt einen hohen Grad von Wahrscheinlichkeit für die Annahme, dass wir auch hier an gesetzgeberische Massnahmen ähnlicher Art zu denken haben. Da aber andrerseits von dem Erlass eines Gesetzes noch nicht gesprochen wird, so ergiebt sich daraus, dass Horaz nur auf dasselbe vorbereiten wollte. Seine nahen Beziehungen zu den leitenden Männern sind bekannt: ohne Frage wusste er, was Augustus plante und suchte dafür Stimmung zu machen, gleichviel ob man ihn dazu aufgefordert hatte, oder ob er aus freien Stücken den Wünschen des Kaisers entgegenkam.

---

1) Vgl. D. 48, 5, 2, 2: *Lenocinii quidem crimen lege Iulia de adulteriis praescriptum est, cum sit in eum maritum poena statuta, qui de adulterio uxoris suae quid ceperit, item in eum, qui in adulterio deprehensam retinuerit.* Ebd. fr. 30 pr.; C. 9, 9, 17.

2) Vgl. Inst. 4, 18, 4: *Sed eadem lege Iulia etiam stupri flagitium punitur, cum quis sine vi vel virginem vel viduam honeste viventem stupraverit.* D. 48, 5, 6, 1. fr. 35 pr. Die Beziehung ist hier nicht so zweifellos: Horaz tadelt die Jungfrau, das Gesetz aber strafte ihren Verführer. Doch wird dadurch unsere Vermutung nicht unbedingt umgestossen: warum sollte der Dichter nicht dennoch die Jungfrau geisseln, die sich nur zu gern verführen liess? — Dass in V. 23 an die Strafe der Lex de adulteriis für Incest (Paul. Sent. 2, 26, 15; Coll. 6, 3, 3; D. 48, 5, 39) zu denken sei, halte ich für ausgeschlossen.

Einen in vieler Hinsicht ähnlichen Inhalt weist die Ode III 24 auf. Ausgang und Schluss bildet hier die masslose Geldgier. Der Dichter schildert im Gegensatz zu dem Genussleben in Rom die Bedürfnislosigkeit der Skythen und Geten. Dort, so schliesst er, regiert nicht die Frau mit reicher Mitgift den Mann und nicht traut sie dem schmucken Buhlen. Reiche Mitgift ist die Tugend der Eltern und die Keuschheit, die sich vor dem fremden Manne scheut, während die eigene Ehe heilig ist. Dort ist sündigen ein Unrecht, oder der Lohn [1]) ist der Tod. Und nun, gerade als der Dichter von dem Ehebruch gesprochen hat, beginnt die Apostrophe an den Kaiser (25 ff.):

O quisquis volet impias
caedis et rabiem tollere civicam,
si quaeret pater urbium
subscribi statuis, indomitam audeat

refrenare licentiam
clarus postgenitis: quatenus, heu nefas,
virtutem incolumem odimus,
sublatam ex oculis quaerimus invidi.

Quid tristes querimoniae,
si non supplicio culpa reciditur?
quid leges sine moribus
vanae proficiunt?

Meines Erachtens ist diese Ode später anzusetzen als die vorher besprochene (III 6) [2]). Dort hatte Horaz selbst *tristes querimoniae* angestellt — hat er vielleicht bei diesen Worten jenes Gedicht im Sinne gehabt? — , dort war von gesetzlichen Massregeln gegen

1) Kiessling vergleicht hier mit Recht III 6, 32: *dedecorum pretiosus emptor.*

2) Im Gegensatz zu Kiessling. Auch VV. 25 f. zwingen nicht das Gedicht unmittelbar an die Bürgerkriege heranzurücken. So konnte der Dichter, in dessen Brust die gewaltige Aufregung jener Zeiten nachzitterte, auch noch nach zwei oder drei Jahren oder auch noch später sprechen. Vgl. z. B. I 2, 21 ff. (727/27); I 35, 14 ff. (728/26); III 4, 42 ff. (727/27 oder 728/26).

die Sittenlosigkeit noch nicht die Rede: hier verlangt er Strafe für die Schuld. Und sofort steigert er sich selbst: ‚aber was sollen Gesetze, die ohne Sittenbesserung ein leerer Schall sind, [1]) nützen'? Während der Dichter in jener Ode nur die Laster der Zeit geschildert und auf die Götter verwiesen hat, soll hier Augustus Hülfe bringen; ein Strafgesetz ist nötig. Die Pläne des Kaisers waren also kein Geheimnis mehr. Ja noch weiter: Horaz würde nicht von *leges vanae* reden, er würde nicht fragen können ‚was sollen Gesetze nützen', wenn dieselben erlassen waren und noch Bestand hatten; das wäre eine schlechte Unterstützung des Kaisers gewesen. Das Gedicht muss also nach der Aufhebung des Gesetzes, von der wir durch Properz erfahren haben, verfasst sein. Um das so recht deutlich zu erkennen, vergleiche man einmal, wie ganz andere Töne dem Horaz zu Gebote stehen, als zehn Jahre später die Lex de maritandis ordinibus und de adulteriis geltendes Recht geworden sind:

III 24, 35 f: *quid leges sine moribus vanae proficiunt?*	IV 5, 22: *mos et lex maculosum edomuit nefas*
III 24, 34: *quid tristes querimoniae, si non supplicio culpa reciditur?*	IV 5, 24: *culpam poena premit comes.* IV 15, 11: *emovitque culpas*
III 24, 28 f: *audeat refrenare licentiam*	IV 15, 9 ff. *ordinem rectum evaganti frena licentiae iniecit.*

So erhalten auch die beiden anderen Strophen ihr rechtes Licht: Augustus soll es wagen, der ungezähmten Leidenschaft Zügel anzulegen; Ruhm werde er dafür freilich erst bei der Nachwelt erndten, ‚denn wir neidisches Geschlecht hassen die lebende Tugend, erst wenn sie unseren Augen entrückt ist, verlangen wir nach ihr'. In diesen bitteren (einem griechischen Spruche nachgebildeten) Worten liegt es klar ausgesprochen, dass das römische Volk nichts von des Kaisers Massregeln

---

1) Weshalb man verstehen müsste ‚Gesetze die eitel sein werden' (Kiessling), sehe ich nicht ein, ‚die eitel sind' giebt einen guten Sinn.

wissen wollte. So konnte Horaz nicht schreiben, wenn er einem Gesetz Anhänger gewinnen wollte. Er tröstet vielmehr den Kaiser, dass er umsonst das beste seines undankbaren Volkes gewollt habe, und fordert ihn auf, trotz des Fehlschlagens seiner Pläne darin auszuharren.

Es soll noch auf ein weiteres Moment aufmerksam gemacht werden, das wir vielleicht für das Ehegesetz dieser Jahre verwerten können. Mehrfach weist Horaz — zum Teil im Zusammenhang mit seinen Sittenschilderungen, zum Teil auch ohne diese — darauf hin, dass eine Stählung der Jugend nötig sei, um Siege wie einst zur Zeit der Vorfahren über die äusseren Feinde zu erringen, von dem jetzigen erschlafften Geschlecht sei nichts zu hoffen [1]). Namentlich werden hier die Parther genannt: mit diesem Erbfeinde Roms muss abgerechnet werden [2]). Am klarsten tritt der Gedanke auf in Od III 6: schon zweimal haben uns die Parther überwunden, Daker und Aethioper haben fast die Stadt zerstört; das rührt von unseren Sünden her, da die Frau Ehebruch treibt und der Mann sie gewähren lässt. Nicht von solchen Eltern stammte die Jugend, die das Meer mit Punierblut färbte u. s. w. An anderer Stelle (III 2) heisst es: in harter Zucht soll der Jüngling gestählt werden, um die wilden Parther zu bekriegen und sich ihnen als Feind furchtbar zu erweisen. Auch in Od. III 24 taucht der Gedanke wenigstens andeutungsweise wieder auf. Von seinem Anruf an den Kaiser (S. 11) kehrt Horaz wieder zu seinem allgemeinen Thema zurück: auch Gesetze nützen nichts, so lange die Sucht nach Gewinn den Menschen antreibt, alles zu leiden und alles zu wagen. Wenn wir wirklich Reue fühlen, so müssen wir uns unserer Schätze entledigen. Die Keime der bösen Begier sind auszurotten, bei der verweichlichten Jugend muss angefangen werden. Der freigeborene Knabe versteht nicht mehr das Ross zu tummeln und hasst die Jagd (d. h. jede Anstrengung):

---

1) Vgl. auch die Ausführungen Mommsens zu Od. III 2 über den Kriegerstand (Ber. d. Berl. Akad. 1889, 26).

2) Vgl. ausser den im Text angeführten Stellen noch I 2, 51; I 12, 53; I 21, 15; I 35, 31; III 5, 4; in den letzten drei Stellen erscheinen neben den Parthern auch die Britannier (vgl. ob. S. 5, 4).

um so besser aber weiss er mit dem griechischen Reifen und den verbotenen Würfeln zu spielen. Mit diesen Aussprüchen des Horaz muss man ein Distichon des Properz aus der Elegie, von welcher wir ausgingen (II 7), zusammenhalten. Nachdem der Dichter geschildert hat, wie furchtbar ihm das Ehejoch dünkt, fährt er fort[1]) (V. 13 f.):

Unde mihi patriis gnatos praebere triumphis
nullus de nostro sanguine miles erit.

Das ganze Gedicht ist voll offener oder versteckter Angriffe gegen des Kaisers Ehegesetz: sollte nicht auch hierin einer liegen? Während Horaz ein neues Geschlecht kräftigen militärischen Geistes fordert, will Properz wenigstens für seine Person nichts von einer kriegerischen Nachkommenschaft wissen. Noch mehr würde der Zusammenhang in die Augen fallen, wenn die Conjectur von Ruhnken *Parthis* statt *patriis* richtig wäre.[2]) Aber auch, wenn man bei der handschriftlichen Lesart stehen bleibt, fällt die gemeinsame Beziehung zwischen beiden Dichtern sofort in die Augen: der Satz, dass nur bei gesunden Ehezuständen auf eine kriegstüchtige Jugend zu rechnen sei, deren der Staat gegen die äusseren Feinde, namentlich gegen die Parther, dringend bedürfe, scheint eine damals gangbare Begründung des Ehegesetzes zu enthalten.[3])

---

1) Unsere Ausgaben pflegen vor V. 13 eine Lücke anzunehmen: ob das richtig ist, scheint mir fraglich. Unvermittelte Uebergänge sind nicht selten bei Properz.

2) Für notwendig halte ich sie nicht; auch Horaz nennt oft neben den Parthern die Britannier (S. 5, 4). Jedenfalls aber erscheint es mir falsch, wenn Bährens das *erit* am Schlusse gegen die Handschriften in *erat* ändert. Das heisst dem Pfeil die Spitze abbrechen: der Dichter will sich nicht entschuldigen, er richtet eine Absage an den Kaiser.

3) Diese Auffassung enthält keinen Widerspruch zu der von Mommsen (Ber. d. Berl. Akad. 1889, 31 f.) vorgetragenen Auslegung von Horaz Od. III 5, wonach der Dichter hier das Unterbleiben des erwarteten parthischen Feldzuges nach der Eroberung von Alexandrien rechtfertigen wollte. Augustus hatte die Abrechnung mit den Parthern nicht aufgegeben, sondern nur aufgeschoben, was am besten aus dem Anfange desselben Gedichts erhellt: *praesens divus habebitur Augustus adiectis Britannis Imperio gravibusque Persis.*

Ob ihn Properz aus den Verhandlungen über das Gesetz selbst oder aus der Ode des Horaz kannte, mag dahingestellt bleiben. Ersteres ist das wahrscheinlichere; denn einmal kehrt die Elegie überhaupt ihre Spitze gegen den Kaiser selbst, sodann wissen wir, dass Augustus auch später seine Ehegesetze durch Reden vor dem Senat oder Volk anempfahl,[1]) und schliesslich sind Anklänge an Horaz im zweiten Buche des Properz sonst nicht nachweisbar[2]).

4. Mehrfach begegnet in den Quellen eine gewiss nicht zufällige Anknüpfung der Sittengesetze an die Schliessung des Ianustores. So bei Orosius VI 22, 3: *Clausis igitur Iani portis rem publicam, quam bello quaesierat, pace enutrire atque amplificare studens leges plurimas statuit, per quas humanum genus libera reverentia disciplinae morem gereret.* Florus II 34: *aususque tandem Caesar Augustus septingentisimo ab urbe condita anno Ianum geminum cludere . . . hinc conversus ad pacem pronum in omnia mala et in luxuriam fluens saeculum gravibus severisque legibus multis coercuit.* Horaz Od. IV 15, 9 ff: *Ianum Quirini clausit et ordinem Rectum evaganti frena licentiae Iniecit emovitque culpas.* Augustus hat das Ianustor dreimal geschlossen[3]) 725/29, 729/25 und in einem späteren unbekannten Jahre. Es käme für die Fixirung der Sittengesetze darauf an, festzustellen, welche Schliessung in den angeführten Stellen gemeint ist, aber leider ist das bei keiner derselben sicher. Orosius nennt zwar das Jahr 752/2, aber diese Nachricht ist gänzlich unzuverlässig.[4]) Florus giebt eine ganz unmögliche Jahreszahl 700/54, wahrscheinlich sind hinter *septingentesimo* die Zehner und Einer ausgefallen; vorher gedenkt er der Wiedergewinnung der Feldzeichen von den Parthern (734/20), nachher der Ernennung

1) Suet. Aug. 89; näheres s. unten.

2) Für spätere Bücher werden sie behauptet von Teuffel R. LG. § 246, 2 und Reisch Wiener Stud. IX 120; Ribbeck Röm. Dicht. II 204 stellt sie überhaupt in Abrede.

3) Mommsen Mon. Anc.[2] 50 f.

4) Vgl. Mommsen S. 51.

des Augustus zum *dictator perpetuus*[1]) und zum *pater patriae* (752/2) und schliesslich der Annahme des Namens Augustus (727/27); die Ode des Horaz ist um 741/13 gedichtet. Man könnte nun geneigt sein, in allen diesen Stellen an die dritte Schliessung zu denken und wenigstens auf Grund von Florus und Horaz diese in das Jahr der Rückkehr des Augustus aus dem Osten (735/19) zu verlegen: die damit in Verbindung gebrachten Sittengesetze wären dann die des Jahres 736/18 (Lex Iulia de maritandis ordinibus etc.). Aber zu dieser Annahme stimmt — sehen wir auch von dem bei Orosius genannten Jahr ganz ab — nicht, dass nach Tacitus[2]) das Tor erst *sene Augusto* wieder geöffnet wurde. Während der Feldzüge des Drusus in Germanien konnte es kaum geschlossen bleiben und Augustus war beim Beginn derselben erst wenig über fünfzig Jahre alt. Die dritte Schliessung ist demnach aller Wahrscheinlichkeit nach später anzusetzen. Meines Erachtens liegt die Sache so: die erste Schliessung, die gewiss in den Augen der Zeitgenossen ein Ereignis von hervorragenderer Wichtigkeit war, als die beiden späteren, bedeutete den Frieden nach aller Not und Aufregung der vorhergehenden Jahre, den Abschluss des Bürgerkriege: daran knüpft sich die Neugründung von Staat und Familie durch Augustus. Als Ursache der Sittenverderbnis, welche der Kaiser durch sein Gesetz heilen wollte, werden ja auch sonst die Bürgerkriege angegeben.[3])

---

1) Vielleicht schwebt ihm die Cura morum et legum (735/19, 736/18, 743/11) vor, von deren Annahme ja auch Sueton und Dio berichten (s. unten); aber dies Amt wurde dem Augustus nicht angeboten, weil er die Sittengesetze durchgeführt hatte, sondern damit er sie erlassen könne.

2) In einer verlorenen Stelle der Historien, s. Oros. VII 3, 7.

3) So bei Horaz Od. III 24, 26 (vgl. ob. S. 11); ferner die in das Jahr 736/18 eingeschobene Erzählung bei Dio (56, 14) aus der Censur des Augustus (*πολλὰ καὶ δεινὰ αἱ στάσεις ἤνεγκαν, ὥστε ἐκείνων μὲν ἀμνημονῶμεν τοῦ δὲ δὴ λοιποῦ προνοῶμεν* (d. h. durch die Gesetze) *ὅπως μηδὲν τοιοῦτον γίγνηται*). Justinian Const. Tanta 6: *Sed in his nihil de caducis a nobis memoratum est, ne causa quae in rebus non prospere gestis et tristibus temporibus Romanis increbuit calamitatibus, bello coalescens civili, nostris remaneat temporibus*; dgl. C. 6, 51 pr. *Et nomen et materiam caducorum ex bellis ortam et auctam civilibus,*

Da wir nun sahen, dass es nicht die Sittengesetze von 736/18 sein können, welche mit der Schliessung des Ianus zusammengestellt werden, so haben wir es hier mit denen von 726/28 zu tun, denn dass die zweite Schliessung hierfür nicht in Betracht kommt, ist einleuchtend. Horaz hat überhaupt nur die erste und bedeutsamste im Auge[1]), bei Florus ist vielleicht[2]) und bei Orosius (§ 1 und 3) sicher das, was zeitlich zu der ersten gehört, mit einer späteren (die von Orosius überdies falsch angesetzt wird) in Verbindung gebracht.

5. Auffällig dürfte vielleicht erscheinen, dass die ausführlichste Quelle, welche wir über Augustus Leben besitzen, Cassius Dio, über unser Ehegesetz gänzlich schweigt. Indessen brauchen wir uns deshalb nicht auf die vielfachen sonstigen Ungenauigkeiten dieses Schriftstellers zu berufen, oder ihm gar eine Verwechslung mit späteren Acten der Gesetzgebung zur Last zu legen, hier giebt er uns selbst die Erklärung. Er schliesst seinen Bericht über die Neuordnung des

---

quae in se populus Romanus movebat, necessarium duximus . . . ab orbe Romano recludere. Interessant ist in dieser Hinsicht auch eine Notiz des sog. Commentator Cruquianus zum Carmen saeculare des Horaz (20): *Lex autem marita dicitur quae de maritandis ordinibus lata erat, quae et Iulia dicta est: Caesar enim post bellum legem tulit, ne quis aut caelebs esset aut vidua nubilis, quo posset iactura iuvenum reparari quae bellis civilibus contigerat. nam prope octaginta milia armatorum interierant.* So offenbare Unrichtigkeiten die Stelle enthält (namentlich eine Zusammenwerfung der Gesetzgebung von 726/28 und 736/18), so liefert sie doch dafür Beweis, dass die Ueberlieferung die augustischen Ehegesetze unmittelbar an die Bürgerkriege anknüpfte. Der Gedanke, dass die in den Kriegen zu Grunde gegangene Jugend durch die von dem Gesetz anbefohlenen Ehen ergänzt werden müsse, kann sehr wol zur Motivirung der Gesetze ausgesprochen sein. Er berührt sich nahe mit der Forderung des Augustus ihm für den Partherkrieg eine waffenfähige Jugend zu schaffen (vgl. oben S. 14).

1) Vgl. auch Mommsen Mon. Anc.[2] 51.

2) Möglich ist auch, dass Florus, der ja, wie wir sahen, auf die Chronologie keine Rücksicht nimmt, wirklich die erste Schliessung hat erwähnen wollen.

Staates in den Jahren 726/28 und 727/27 mit den Worten (53, 21): *Αὔγουστος δὲ τά τε ἄλλα τὰ τῇ ἀρχῇ προσήκοντα προθυμότερον ὡς καὶ ἐθελοντὶ δὴ παρὰ πάντων αὐτὴν εἰληφὼς ἔπραττε καὶ ἐνομοθέτει πολλά. οὐδὲν δὲ δέομαι καθ' ἕκαστον ἀκριβῶς ἐπεξιέναι, χωρὶς ἢ ὅσα τῇ συγγραφῇ πρόσφορά ἐστι*; und weiter: *οὐ μέντοι καὶ πάντα ἰδιογνωμονῶν ἐνομοθέτει, ἀλλ' ἔστι μὲν ἃ καὶ ἐς τὸ δημόσιον προεξετίθει, ὅπως, ἄν τι μὴ ἀρέσῃ τινά, προμαθὼν ἐπανορθώσῃ. προετρέπετό τε γὰρ πάνθ' ὁντινοῦν συμβουλεύειν οἱ, εἴ τίς τι ἄμεινον αὐτῶν ἐπινοήσειε, καὶ παῤῥησίαν σφίσι πολλὴν ἔνεμε καί τινα καὶ μετέγραφε.* Wir dürfen unter die ausgelassenen Gesetze auch unser Ehegesetz rechnen: Dio mag es übergangen haben, weil es nicht dauernd in Geltung geblieben ist. Fraglich ist, ob man auch bei dem *μεταγράφειν* an eine Zurückziehung mit späterer Wiedereinbringung in veränderter Gestalt denken darf. — Einen weiteren indirecten Beweis dafür, dass schon vor der Lex de maritandis ordinibus ein Ehegesetz erlassen war, kann man aus dem Bericht Dios über jenes Gesetz entnehmen, den er mit den Worten beginnt (54, 46): *τοῖς τε ἀγάμοις καὶ ταῖς ἀνάνδροις βαρύτερα τὰ ἐπιτίμια ἐπέταξε.* Der Comperativ deutet auf ein früheres Gesetz des Augustus hin [1]), welches dann nur das unsrige sein kann.

II.

Fassen wir unsere bisherigen Ergebnisse zusammen: die Quellen kennen in den Jahren 725/29 bis 727/27 eine umfangreiche reorganisatorische Gesetzgebung des Augustus, durch Properz

---

1) Eine Beziehung dieser Worte auf die *πολυπαιδίας ἆθλα* des Dictators Caesar bei Dio 43, 25 (vgl. ob. S. 4, 1), welche Heineccius (Ad leg. Iul. et P. P. 41) behauptet, halte ich für unmöglich. Dio spricht in jener Stelle nur von Belohnungen für Kinderreichtum, nicht von Caelibatsstrafen, welche Caesar verhängt haben sollte. Wäre wirklich ein Gesetz Caesars gemeint, hätte das ausgedrückt werden müssen. Heineccius wäre auch wol kaum zu dieser Auffassung gekommen, wenn er nicht (S. 46) die Elegie (II 7) des Properz auf die Lex Iulia de mar. ord. bezogen hätte. — Wenn die Erzählung bei Dio 54, 16 aus Augustus Censur von uns richtig gedeutet ist (ob. S. 16, 3), so liefert auch sie einen Beweis, dass im Jahre 726/28 ein Ehegesetz in Vorbereitung war.

erfahren wir, dass unter diesen Gesetzen ein Ehegesetz war, anderweite Spuren (Horaz, Tacitus, Dio) bestätigen diese Annahme. Da bei Tacitus das sechste Consulat des Augustus in diesem Zusammenhang genannt wird, so können wir mit einiger Wahrscheinlichkeit das Jahr 726/28 als das seines Erlasses ansehen [1]). Wir müssen nun versuchen weiteren Aufschluss über seinen Inhalt zu gewinnen.

1. Jedenfalls steht fest, dass das Gesetz die Ehe forderte. Für den römischen Bürger geht das hervor aus Properz (II 7, 7 ff.):

nam citius paterer caput hoc discedere collo,
quam possem nuptae perdere amore faces
aut ego transirem tua limina clausa maritus,
respiciens udis prodita luminibus.
a, mea tum qualis caneret tibi, Cynthia, somnos
tibia, funesta tristior illa tuba!

Der Dichter hatte, so lange das Gesetz bestand, gefürchtet, sich von seiner Geliebten trennen zu müssen, weil es ihn zur Ehe mit einer ungeliebten Frau zwingen wollte. Auch trägt er kein Verlangen nach kriegerischer Nachkommenschaft [2]), und die Liebe zu seiner Cynthia gilt ihm höher als Vaterstolz (19 f.):

Tu mihi sola places: placeam tibi, Cynthia, solus:
hic erit et patrio sanguine pluris amor.

Für die Bürger und Bürgerinnen ist das gleiche aus Dio 54, 16 zu entnehmen [3]).

2. Eine weitere Bestimmung des Inhalts des Gesetzes von 726/28 ergiebt sich aus folgender Betrachtung. Dio bemerkt bei der Erzählung von dem Zustandekommen der Lex Iulia de maritandis ordinibus folgendes (54, 16): *ἐπειδή τε πολὺ πλεῖον τὸ ἄϱϱεν τοῦ ϑήλεος τοῦ εὐγενοῦς ἦν, ἐπέτϱεψε καὶ ἐξελευϑέϱας τοῖς ἐϑέλουσι πλὴν τῶν βουλευόντων ἄγεσϑαι,*

1) Die Möglichkeit, dass das Gesetz auch erst 727/27 erlassen sein könnte, soll nicht bestritten werden: da aber für das Folgende eine einfache Bezeichnung nötig ist, soll hier kurzweg von dem Ehegesetz von 726/28 gesprochen werden.

2) V. 13 f.; oben S. 14.

3) Vgl. den Schluss des vorigen Abschnittes S. 19.

ἔννομον τὴν τεκνοποιίαν αὐτῶν εἶναι κελεύσας; desgleichen in der Rede des Augustus (56, 7): *καὶ ἐξελευθέρας τοῖς γε ἔξω τοῦ βουλευτικοῦ οὖσιν ἄγεσθαι συνεχώρησα, ἵν' εἰ καί τις ἐξ ἔρωτος ἢ καὶ συνηθείας τινὸς ἐς ταῦθ' ὑπαχθείη ἐννόμως αὐτὸ ποιοίη.* Entsprechend heisst es in Celsus Digesten (D. 23, 2, 23): *Lege Papia*[1]) *cavetur omnibus ingenuis praeter senatores eorumque liberos libertinam uxorem habere licere.* Mommsen hat neuerdings (StR. III 430) behauptet, die Ehe des Freigeborenen mit der Freigelassenen sei während der früheren Republik ungültig gewesen; erst später habe eine mildere oder schlaffere Praxis der gesetzlichen Norm schon vor Augustus derogirt, und dieser habe, als er das Princip änderte, nur eine bereits unhaltbar gewordene Restriction aufgegeben oder vielmehr auf den senatorischen Stand beschränkt. Es mag hier dahingestellt bleiben, ob das ältere Recht die Ehegemeinschaft zwischen Ingenuus und Liberta wirklich ausgeschlossen hat: zu Ciceros Zeit ist sie jedenfalls anerkannt[2]). Nun könnte man der Meinung sein, Augustus habe seine Erlaubnis, Freigelassene zu heiraten, absichtlich als eine grosse Wohltat hingestellt, während sie in der Tat nur die Anerkennung eines bestehenden Zustandes gewesen sei. Doch werden wir einer Erklärung den Vorzug geben, welche uns in der Gestattung der Libertinenehe ein wirkliches Zugeständnis nachzuweisen vermag. Und das soll versucht werden.

Die Lex Iulia de maritandis ordinibus setzte Belohnungen für die Verheirateten und Väter oder Mütter, Strafen für die

---

1) Vgl. I.P.P. (ob. S. 2, 1) 9 f.

2) Cic. p. Sest. 110 (vgl. Mommsen A. 4). Dass Cicero dem Gellius hier überhaupt seine Ehe mit einer Freigelassenen vorhält, beruht m. E. nicht auf dessen freier Geburt, sondern auf seinem Ritterrang und seiner vornehmen Verwandschaft. Uebrigens mag auch darauf aufmerksam gemacht werden, dass in der späteren Republik auch die verheiratete Liberta das ehrende Kleid der römischen Matrone, die Stola, trägt. Vgl. C. I. L. I 1194 (= X 6009 aus Minturnae): *ita libertate illei me, hic me decoraat stola.* Vielleicht ist in gleicher Weise zu verstehen C. I. L. 1012 (= VI 14338 aus Rom): *filius illum manu, ille illam, mereto missit et vestem dedit.* Der erstere Stein bietet zugleich ein Beispiel für eine Ehe zwischen Ingenuus (freilich Freigelassenensohn) und Liberta aus republikanischer Zeit.

Unverheirateten fest. Um diesen Strafen zu entgehen, genügte es nicht, dass man überhaupt verheiratet war und eheliche Kinder hatte, sondern man musste in einer von dem Gesetz selbst anerkannten Ehe (*matrimonium secundum legem Iuliam contractum*) stehen und aus einer solchen Ehe mussten auch die Kinder herstammen (*liberi secundum legem Iuliam quaesiti*) [1]). Dem entsprechend sind auch die Eheverbote des Gesetzes zu verstehen: wer gegen seine Vorschriften verheiratet war, unterlag seinen Strafen, konnte seiner Belohnungen nicht teilhaftig werden. Beispielsweise war also der mit einer Freigelassenen verheiratete Senator *incapax*, wurde die mit einem Freigelassenen verheiratete Senatorentochter trotz dreier aus dieser Ehe stammender Kinder nicht von der Geschlechtsvormundschaft befreit u. s. w. Wir sind nicht berechtigt dem Gesetze einen andern Sinn unterzulegen, namentlich nicht den, dass es die Ehe zwischen Senator und Liberta für nichtig erklärt habe. Das geht unzweideutig hervor aus Ulpian 16, 2: *Aliquando tamen nihil inter se capiunt* (Subject ist *vir et uxor*), *id est si contra legem Iuliam Papiamque Poppaeam contraxerint matrimonium, verbi gratia si famosam quis uxorem duxerit, aut libertinam senat*[*or*]. Es ist hier von der Erwerbsfähigkeit der Ehegatten unter einander die Rede: bisweilen, sagt der Jurist, können sie gar nichts von einander erwerben: es hätte keinen Sinn, wenn er hierfür ein Beispiel anführen wollte, in welchem nach den Vorschriften des Gesetzes gar keine Ehe vorhanden war; dann würde der Nachsatz aufheben, was im Vordersatz gesagt ist: ‚Ehegatten sind *incapaces*, zum Beispiel, wenn sie gar keine Ehegatten sind'. Die Nichtigkeit der Ehe hat vielmehr erst eine Oratio der Kaiser Marcus

---

1) Der letztere Ausdruck ist quellenmässig: Paul. Sent. 4, 8, 4; der erstere ist nach Ulp. 16, 2 (*si contra legem Iuliam contraxerint matrimonium*) gebildet. Ulpian spricht (D. 23, 2, 31) im gleichen Sinne von einer *iusta uxor*. Vgl. auch Ulpian de exc. (Vat. fr. 168), wo es sich um die Auslegung des Ausdruckes *iusti liberi* handelt und die beiden Erklärungen *iusti secundum has leges* (aller Wahrscheinlichkeit nach Iulia und Papia Poppaea) und *iusti secundum ius civile quaesiti* einander gegenübergestellt werden. Zur Sache vgl. I. P. P. 29 ff.

und Commodus und ein darauf folgender Senatsbeschluss ausgesprochen [1]). Die Lex Iulia de maritandis ordinibus war also in dieser Hinsicht eine sogenannte *lex minus quam perfecta* [2]), und das Eheverbot entspricht nach unserer Auffassung durchaus ihrem sonstigen Charakter: wie das Gebot der Ehe und Kinderzeugung indirect durch Belohnungen und Strafen er-

---

1) D. 23, 1, 16; D. 23, 2, 16; D. 24, 1, 3, 1. An ersterer Stelle heisst es: *Oratione divi Marci cavetur, ut, si senatoris filia libertino nupsisset, nec nuptiae essent.* Das Wort *nec* scheint mir so verstanden werden zu müssen: der Senator und die Liberta sollen nicht nur von den Caelibatsstrafen betroffen werden sondern es soll auch überhaupt keine Ehe zwischen ihnen bestehen. Mommsen StR. III 472, 3 meint, die Nichtigkeit der Ehe zwischen Senator und Liberta sei schon durch die Lex de mar. ord. selbst eingeführt, das Senatusconsultum habe diese Vorschrift nur verschärft. Für die letztere Annahme bieten die Quellen keinen Anhalt, die erstere Behauptung aber wird durch sie nicht bewiesen: die von M. dafür angezogenen Stellen (ausser den genannten noch D. 23, 2, 27; D. 23, 2, 42, 1) sind sämmtlich nach dem SC. geschrieben, und so weit sie dasselbe nicht nennen, stellen sie doch jedenfalls das auf ihm beruhende Recht ihrer Zeit dar. Auf C. 5, 4, 28 hat sich M. mit Recht nicht berufen. So bleibt noch das Argument, dass das Verbot der Ehe zwischen einer Senatorentochter und einem Freigelassenen (D. 23, 2, 44 pr.) gegenstandslos gewesen wäre, wenn das Gesetz derartigen Verbindungen nicht die Rechtskraft sondern nur die Standesmässigkeit abgesprochen hätte, da der Stand des Kindes ohnehin durch den Vater bestimmt werde. Dieser letzte Satz ist ohne Frage richtig, aber nicht die daraus gezogene Folgerung. M. E. liegt die Sache so: Wenn die Bestimmung über die Senatorentochter nicht in das Gesetz aufgenommen wäre, so wäre ihre Ehe mit dem Freigelassenen ein *matrimonium secundum legem Iuliam contractum* gewesen, sie wäre nicht von den Strafen des Gesetzes betroffen worden. Das wollte Augustus verhindern, sie sollte *incapax* etc. sein, wenn sie eine so wenig standesmässige Ehe einginge; darum wurde das Verbot ausgesprochen. Schliesslich verweise ich noch einmal auf die im Text angezogene Stelle aus Ulpian (16, 2). Dass der Jurist hier, wo es sich um ein Beispiel aus dem Gesetz handelt, die zu seiner Zeit — das Werk ist unter Caracallas Regierung geschrieben — schon vorhandene Nichtigkeit der Ehe zwischen Senator und Liberta nicht erwähnt, kann nicht befremden. Jedenfalls sind seine Worte unzweideutig.

2) Vgl. Ulp. praef. 2: *Minus quam perfecta lex est quae vetat aliquid fieri, et si factum sit, non rescindit, sed poenam iniungit ei qui contra legem fecit.*

zwungen werden sollte, so suchte Augustus auch die Ehe zwischen Senator und Liberta dadurch zu verhindern, dass er beide den Strafen des Gesetzes aussetzte und ihnen seine Belohnungen vorenthielt. Sie sind nicht *caelibes*, aber *in caelibum numero* [1]).

Nunmehr wird es auch klar, was Dio (54,16; 56,7) meint, wenn er die von Augustus dem Ingenuus gestattete Ehe mit der Liberta und die daraus herrührenden Kinder als gesetzmässige (*ἔννομοι*) bezeichnet; [2]) solche Ehegatten sollen den Caelibatsstrafen nicht ausgesetzt und andererseits zu den Belohnungen der Väter und Mütter zugelassen werden. Nicht ist aus der Stelle zu entnehmen, dass diese Ehen früher ungültig, sondern nur, dass sie keine Ehen gewesen sind, welche den Anforderungen eines der Lex de maritandis ordinibus ähnlichen Gesetzes entsprachen. Und wenn wir nun in dem unmittelbar vorhergehenden *βαρύτερα τὰ ἐπιτίμια ἐπέταξε* schon eine derartige Beziehung auf ein früheres Ehegesetz, und zwar das von 726/28 fanden, so werden wir mit einiger Wahrscheinlichkeit das Verbot der Libertinenehe eben dort suchen dürfen. Eine solche Bestimmung würde ganz im Einklang stehen zu des Kaisers in der späteren Gesetzgebung noch viel deutlicher hervortretenden Bestrebungen, das Element der Freigelassenen

---

1) Dieser Ausdruck begegnet zwar in unseren Quellen nicht, er steht aber durchaus auf gleicher Stufe mit *in maritorum numero esse* (Lex Malac. 56; Gell. 2, 15; C. Th. 8, 16 pr.). Darunter sind Personen verstanden, welche zwar nicht verheiratet sind, aber doch die *iura maritorum* (*τὰ τῶν γεγαμηκότων δικαιώματα* Dio 54, 16 a. E.; 60, 24) haben, d. h. hinsichtlich der Belohnungen und Strafen behandelt werden, als ob sie verheiratet wären; vgl. I. P. P. 30 f. Aehnlich: *ius liberorum* (*τιμαὶ γεγεννηκότων* Dio 55, 2; vgl. I. P. P. 33 ff. 54 ff.).

2) *Ἔννομος* heisst ‚dem Gesetz oder Recht entsprechend'. Es hat wie *iustus* und *legitimus* einen weiteren Sinn ‚dem Recht im allgemeinen' oder einen engern ‚einem bestimmten Gesetz entsprechend', was Ulpian (Vat. fr. 168) für den lateinischen Ausdruck am zutreffendsten durch den Gegensatz von *iusti secundum ius civile* und *iusti secundum has leges* zum Ausdruck bringt. Hier, wo von einer bestimmten gesetzlichen Vorschrift die Rede ist, ist natürlich die letztere Bedeutung die nächstliegende: *ἔννομος τεκνοποιία* bei Dio ist also ein den *liberi secundum legem Iuliam quaesiti* des Paulus (Sent. 4, 8, 4; ob. S. 21, 1) correlater Begriff.

in der römischen Bevölkerung zu verringern und zurückzudrängen. Er musste sich aber bald von der Undurchführbarkeit seines Vorhabens überzeugen, und hat es im Jahre 736/18 nur in der bekannten Beschränkung auf den senatorischen Stand wieder vorgebracht.

Sind unsere bisherigen Ausführungen richtig, so ergiebt sich daraus weiter, dass das System des indirecten Zwanges durch Belohnungen und Strafen, wie wir es aus den späteren Ehegesetzen kennen, im allgemeinen auch schon in dem früheren vorhanden war. Rückschlüsse auf Einzelheiten sind natürlich nicht möglich.

3. Man hat ferner geglaubt, das in der Lex Iulia de maritandis ordinibus enthaltene Verbot der Ehe zwischen Freigeborenen und bestimmten anrüchigen Personen weiblichen Geschlechts (*quae corpore quaestum facit*, *lena*, *a lenone lenave manumissa*, *in adulterio deprehensa* u. a.) schon für das frühere Ehegesetz in Anspruch nehmen zu dürfen. Im Anschluss an die oben erwähnte Elegie (II 7) des Properz hat man nämlich die Frage aufgeworfen: wenn das Gesetz die Ehe von dem Dichter forderte, warum denkt er denn gar nicht daran, seine Cynthia zu heiraten? und man hat darauf — sehen wir von ganz abenteuerlichen Erklärungen ab — geantwortet, Cynthia sei eine öffentliche Dirne, also die Ehe mit ihr unmöglich gewesen.[1]) Aber wer vermöchte zu sagen, wie weit die Schilderungen, welche Properz von seiner Geliebten giebt, wie weit die einzelnen Züge, die er von ihr anführt, den wirklichen Verhältnissen entsprachen. Das einzige, was wir von ihr mit einiger Sicherheit behaupten können, ist, dass sie mit ihrem wahren Namen Hostia gehiessen hat,[2]) sonst aber ist Zurückhaltung dringend geboten. Manche Scene ist ohne Zweifel den alexandrinischen Vorbildern entlehnt und ganz gewiss hat gerade dieser Poet seiner Phantasie keine Zügel angelegt, sondern Wahr-

1) So Wenck Opusc. 237 ff. Hertzberg Quaest. Prop. (I) 36 ff. Widerspruch dagegen bei Hübner (Comm. in h. Momms. 99). Ribbeck (Röm. Dichtung II 205) nennt sie eine Freigelassene, doch habe ich dafür keinen Anhalt finden können.

2) Apulei. Apol. 10.

heit und Dichtung zu unlösbarer Verbindung durch einander gemischt [1]). Ereignisse wie das Ehegesetz und dessen Aufhebung können allerdings nicht von dem Dichter erfunden sein: im übrigen aber soll man nicht glauben, dass römische Elegien vor neunzehnhundert Jahren notwendig einen tatsächlicheren Hintergrund haben mussten als vor hundert Jahren, und vor allem soll man den Dichter nicht wie ein Gesetzbuch auslegen.

4. Mit einiger Sicherheit dürfen wir annehmen, dass Augustus im Jahre 726/28 nicht nur der Lex de maritandis ordinibus sondern auch der Lex de adulteriis vorgearbeitet und Strafen für geschlechtliche Vergehen, namentlich für Ehebruch und Lenocinium, vielleicht auch für Stuprum aufgestellt hat. Es ist das oben (S. 10) bei der Besprechung der Ode III 6 des Horaz näher dargelegt worden. Sind wir mit dieser unserer Auffassung auf dem rechten Wege, so wird es allerdings zweifelhaft, ob wir es mit einem, oder wie im Jahre 736/18, mit zwei Gesetzen zu tun haben. Zu einer Entscheidung dieser Frage reicht unser Material nicht aus [2]).

III.

Fraglich könnte erscheinen, ob es sich wirklich um ein Gesetz oder blos um eine Verordnung des Augustus handelt. Jedenfalls war Augustus bis zum Januar 727/27 im Besitz der constituirenden Gewalt [3]), und hatte er demgemäss bis dahin auch das Recht ohne Befragung des Volks allgemein verbindliche Verfügungen zu erlassen [4]). Ohne Zweifel hat er auch die

1) Vgl. die treffenden Ausführungen über Tibull von Leo (Philol. Unters. v. Kiessling u. Wilamowitz II 20 ff.).

2) Im Vorhergehenden wie im Folgenden ist der Kürze halber stets nur von einem Ehegesetz des Jahres 726/28 die Rede.

3) Augustus selbst spricht das in den oben S. 3 angeführten Worten (Mon. Anc. 6, 13 ff.) deutlich aus. Wie seine Stellung seit dem Jahre 722/32 aufzufassen ist, kann hier unerörtert bleiben. Vgl. Mommsen StR. II³ 718 ff.; Mon. Anc.² 146 f. Dass jedenfalls die Triumvirn selbst sich das Recht der ausdrücklichen oder stillschweigenden Selbstverlängerung ihres Commandos beilegten, scheint mir nach den Vorgäugen des Jahres 717/37 fraglos.

4) Das liegt im Wesen der Ausnahmegewalt; vgl. oben S. 3, 2.

Neuordnung des Staates in jener Zeit zum grossen Teil selbständig durchgeführt[1]). Da wir nun sahen, dass zu dieser Reorganisation auch die besprochenen Bestimmungen über Ehe und Familie gehörten, so liegt die Vermutung nahe, sie könnten ebenfalls auf diesem Wege entstanden sein[2]).

Indessen steht es keineswegs fest, dass Augustus damals nur eigenmächtige Verfügungen erlassen hat. Dio sagt vielmehr (53, 21) ausdrücklich: *οὐ μέντοι καὶ πάντα ἰδιογνωμονῶν ἐνομοθέτει, ἀλλ' ἔστι μὲν ἃ καὶ ἐς τὸ δημόσιον προεξετίθει.* Und wenn Properz (II 7) von einer *lex edicta* und Tacitus (Ann. III 28) von *iura dare* reden, so spricht der erstere Ausdruck jedenfalls nicht gegen die Annahme eines Gesetzes und ist der letztere doch ein sehr allgemeiner. Bei Horaz (Od. III 24, 25) ist geradezu von *leges* die Rede[3]). Doch ist es immerhin bedenklich Dichterworte so zu pressen, und ausserdem konnte man ein vor 727/27 ergangenes Edict des Augustus ohne grosse Ungenauigkeit als Gesetz bezeichnen, denn wenn es auch kein Volksbeschluss war, so stand es doch in seiner Wirkung einem solchen völlig gleich. Schliesslich ist zu beachten, dass auch im Jahre 735/19 Senat und Volk der Meinung waren, der Kaiser wolle seine die Ehe betreffenden Bestimmungen selbständig erlassen und ihm zu diesem Zwecke die Ausnahmegewalt anboten, und dass erst Augustus erklärte, den Weg der Gesetzgebung wählen zu wollen[4]).

Die aufgeworfene Frage muss also unbeantwortet bleiben. Da es indessen hier nötig ist, immer einen bestimmten Ausdruck zu gebrauchen, so wird man es begreiflich finden, wenn im Anschluss an die Quellen stets von einem Gesetz des Jahres 726/28 gesprochen wird.

---

1) Mommsen StR. II³ 745, 2.

2) Diese Ansicht findet ihre Vertreter in Puchta I 297 und Rudorff I 69; auch ich bin ihr früher (I. P. P. 53) beigetreten.

3) Wenn man den Ausdruck *Iuliae rogationes* bei Tacitus (III 28) auf die Acte der Jahre 726/28 und 736/18 deuten dürfte (ob. S. 8, 2), so würde er ebenfalls auf ein wirkliches Gesetz des Jahres 726/28 hinweisen.

4) Mon. Anc. gr. 3, 11 ff. Näheres unten S. 29

IV.

Das Ehegesetz wurde, wie Properz (II 7) sagt, nachdem es eine Zeit lang bestanden hatte, wieder aufgehoben[1]). Wie lange es in Geltung gewesen ist, wissen wir nicht; der Ausdruck des Properz *qua quondam edicta flemus uterque diu* besagt wenig. Als äusserste Grenze erscheint das Jahr 731/23[2]), aber wahrscheinlich geschah die Aufhebung erheblich früher. Auch über die Art und Weise derselben lässt sich nichts ermitteln.

V.

Im Zusammenhang mit dem Ehegesetz von 726/28 ist noch eine Bestimmung zu erwähnen, welche Augustus bei der Ordnung der Provinzialverwaltung im Jahre 727/27 getroffen hat. Er setzte nämlich fest, dass der Wechsel der Proconsuln ein jährlicher sein und die Provinzen zwischen ihnen ausgeloost werden sollten: den Verheirateten und Vätern aber wurde ein Vorzug eingeräumt, der in dem Recht sich die Provinz auszuwählen, bestanden zu haben scheint. So Dio 53, 13: *ἔπειτα τοὺς μὲν* (die Statthalter der Senatsprovinzen) *ἐπετησίους καὶ κληρωτοὺς εἶναι, πλὴν εἴ τῳ πολυπαιδίας ἢ γάμου προνομία προσείη*[3]). Ob übrigens die teils gleichen, teils ähn-

1) Vgl. ausserdem Dio 53, 21 (ob. S. 18). Dass es unmöglich ist, die von Properz erwähnte Aufhebung des Gesetzes von 726/28 mit dem bei Sueton (Aug. 34) dargestellten Vorgang zusammen zu werfen (wie es Wenck Opusc. 234 f. tut), liegt auf der Hand. Das Gesetz von 726/28 kann nicht als Lex de maritandis ordinibus bezeichnet sein, denn zweifellos ist das Verbot der Ehe zwischen Senator und Liberta zuerst durch das Gesetz von 736/18 ausgesprochen. Ausserdem spricht Sueton nicht von einer Ablehnung der Lex. de mar. ord., sondern von der Ablehnung einer Verschärfung derselben.

2) Vgl. ob. S. 5.

3) Dio spricht hier nur von einem Vorrecht der Verheirateten und Väter. Dass das Privileg zu einer Auswahl der in Betracht kommenden Senatsprovinzen berechtigte, hat man mit Recht aus Fronto (Ep. ad Ant. Pium 8, S. 169 Naber) geschlossen. Vgl. Mommsen StR. II[3] 253. Die Regelung im einzelnen wird der (hier sicher aus einem der augustischen Gesetze entlehnten) Lex Malacitana 56 entsprochen haben.

lichen Bestimmungen der späteren Ehegesetze über die städtischen Magistraturen[1]) dem in der Provinzialordnung ausgesprochenen Grundsatze nachgebildet sind, oder ob diese ihr Vorbild schon in dem Gesetze von 726/28 fand, muss dahingestellt bleiben.

Die Lex Iulia de maritandis ordinibus und die Lex Iulia de adulteriis.

In der Zeit nach 727/27 hatte Augustus vorzugsweise mit den auswärtigen Angelegenheiten und der Regelung der Provinzen zu tun. Er ordnete zunächst (727/27 bis 730/24) die Verhältnisse des Westens, dann (732/22 bis 735/19) die des Ostens; in der Zwischenzeit brachte er das Verfassungswerk durch die Uebernahme der tribunicischen Gewalt (731/23) zum Abschluss. So konnte er, als er am 12. October 735/19 nach Rom zurückkehrte, sich ganz der schwierigen Aufgabe der Sitten- und Familiengesetzgebung, an der er das erste Mal gescheitert war, hingeben.

In den seiner Rückkehr vorhergehenden Jahren hatten wiederholt Unruhen und Tumulte stattgefunden, erst im Jahre 735/19 war die Verschwörung des Egnatius Rufus unterdrückt worden[2]). Es scheint, dass der Kaiser jetzt wie zehn Jahre vorher die traurigen Sittenzustände als Grund der Bürgerunruhen bezeichnete[3]); man glaubte zu wissen, worauf er hinaus wollte: Senat und Volk trugen ihm (735/19) dienstwillig eine Machtstellung an, welche ihm die Durchführung seiner Pläne in vollem Umfange ermöglichen sollte: die Cura morum et legum. Indessen Augustus blieb seiner seit der Niederlegung der Ausnahmegewalt (S. 3) befolgten Politik

---

1) Vgl. I. P. P. 20 ff. (Auf S. 21 ist übrigens die Quaestur auf Grund von Sueton Tib. 35 hinzuzufügen.)

2) Dio 54, 1. 3. 6. 10; 53, 23; Suet. Aug. 19; Vell. 2, 91—93.

3) Dio 54, 10 knüpft die Cura morum et legum direct an die Unruhen: *ἐπειδή τε μηδὲν ὡμολόγει ὅσα τε ἀπόντος αὐτοῦ στασιάζοντες καὶ ὅσα παρόντος φοβούμενοι ἔπρασσον ἐπιμελητής τε τῶν τρόπων ἐς πέντε ἔτη παρακληθεὶς δὴ ἐχειροτονήθη.*

auch diesmal treu und erklärte, dass er kein der Verfassung zuwiderlaufendes Amt annehmen werde. Auch bei einer Erneuerung des Anerbietens im folgenden Jahre (736/18 und ebenso später 743/11) liess er sich nicht umstimmen. Er selbst spricht sich darüber mit folgenden Worten aus (Mon. Anc. gr. 3, 11 ff.): *Ὑπάτοις Μάρκῳ Οὐινουκίῳ καὶ Κοίντῳ Λ[ουκρ]ητ[ίῳ]* (735/19) *καὶ μετὰ τα[ῦ]τα Ποπλίῳ καὶ Ναίῳ Λέντλοις* (736/18) *καὶ τρίτον Παύλλῳ Φαβίῳ Μαξίμῳ καὶ Κοίν[τῳ] Τουβέρωνι* (733 11) *[τῆς τε σ]υνκλήτου καὶ τοῦ δήμου τοῦ Ῥωμαίων ὁμολογ[ο]ύντων, ἵν[α ἐπιμε]λητὴς τῶν τε νόμων καὶ τῶν τρόπων ἐ[πὶ τῇ με]γίστῃ [ἐξ]ουσ[ία μ]ό[νο]ς χειροτονηθῶ, ἀρχὴν οὐδεμ[ία]ν πα[ρὰ τὰ πά]τρ[ια] ἐ[θ]η διδομένην ἀνεδεξάμην· ἃ δὲ τότε δι' ἐμοῦ ἡ σύνκλητος οἰκονομεῖσθαι ἐβούλετο, τῆς δημαρχικῆς ἐξουσίας ὢν ἐτέλε[σα]* [1]). Dass es sich hier um eine constituirende Ausnahmegewalt handelt, sagt uns Augustus mit klaren Worten [2]); dass die Erlasse, zu welchen man ihn ermächtigen wollte, Sittengesetze waren, geht aus der Bezeichnung des Amts und aus der Tatsache, dass wir wirklich im Jahre 736/18 von einer solchen Gesetzgebung erfahren, hevor. Wir dürfen also des Kaisers Worte, er habe seine Ziele mittelst der tribunicischen Gewalt zu erreichen gewusst, hierauf beziehen [3]).

I.

Sueton berichtet (Aug. 34): *Leges retractavit et quasdam ex integro sanxit* [4]), *ut sumptuariam et de adulteriis et de*

---

1) Wenn andere Quellen von einer Annahme der Cura morum reden und auch zeitgenössische Dichter den Kaiser deswegen preisen, so ist das zwar staatsrechtlich falsch, aber es lässt sich doch insofern rechtfertigen, als Augustus, wenn auch nicht ausserhalb, so doch innerhalb der Verfassung in der Tat eine Cura morum ausgeübt hat. Näheres s. bei Mommsen StR. II[3] 705 f.; Mon. Anc.[2] 28 ff.

2) Vgl. auch Dio 54, 10; Mommsen a. a. O.

3) S. Mommsen a. a. O. und II[3] 882.

4) Eine ganz ähnliche Formel findet sich schon bei Velleius (2, 89): *leges emendatae utiliter, latae salubriter*, hier aber im Zusammenhang mit der Restauration von 726/28 und 727/27; ferner in der sog. Epitome aus Aurel. Vict. 1: *leges alias novas alias correctas protulit suo nomine.* Letztere Stelle geht auf Sueton zurück; vgl. Teuffel R. LG. § 414, 3.

pudicitia, de ambitu, de maritandis ordinibus. Von diesen Gesetzen, welche sämmtlich in das Gebiet der Cura morum gehören, sind die beiden letzten erweislich im Jahre 736/18 erlassen [1]). Speziell für die Lex Iulia de maritandis ordinibus kann man eine Reihe unzweifelhafter Beweise beibringen.

1. Zunächst den schon oben (S. 20) besprochenen Bericht des Dio (54, 16): *τοῖς τε ἀγάμοις καὶ ταῖς ἀνάνδροις βαρύτερα τὰ ἐπιτίμια ἐπέταξε, καὶ ἔμπαλιν τοῦ τε γάμου καὶ τῆς παιδοποιίας ἆθλα ἔθηκεν. ἐπειδή τε πολὺ πλεῖον τὸ ἄρρεν τοῦ θήλεος τοῦ εὐγενοῦς ἦν, ἐπέτρεψε καὶ ἐξελευθέρας τοῖς ἐθέλουσι πλὴν τῶν βουλευόντων ἄγεσθαι, ἔννομον τὴν τεκνοποιίαν αὐτῶν εἶναι κελεύσας.* In dem letzten Satz haben wir den Inhalt des von Ulpian im Wortlaut [2]) überlieferten ersten Capitels, nach welchem das Gesetz benannt ist. Auch der erste Satz hat, indem er nur von den Strafen der *caelibes* (männlichen und weiblichen Geschlechts) spricht, das richtige getroffen: die Lex Iulia kannte nur den Grundsatz *caclebs nihil capit,* der parallele Satz *orbus dimidium capit* gehört erst dem späteren Recht an [3]). Wenn schliesslich Belohnungen für Verheiratete und Väter oder Mütter erwähnt werden, so stimmt auch das mit den sonstigen Nachrichten über unser Gesetz überein [4]).

2. Den wichtigsten Beweis für die Zeit der Lex de maritandis ordinibus haben wir in einem inschriftlich erhaltenen Senatsbeschluss [5]) vom 23. Mai 737/17 über die vom

---

1) Die Lex de ambitu wird von Dio 54, 16 vor der Lex de maritandis ordinibus zu 736/18 erwähnt. Für die Lex sumptuaria (vgl. Gell. 2, 24, 14) lässt sich nichts anführen als die Zusammenstellung mit den anderen Gesetzen bei Sueton; doch ist zu bemerken dass Dio schon früher (54, 2) zum Jahre 732/22 von derartigen Massnahmen spricht. Von der Lex de adulteriis wird unten die Rede sein.

2) D. 23, 2, 44; vgl. I. P. P. 9.

3) Vgl. I. P. P. 29 ff. 48.

4) Vgl. I. P. P. 20—22; 25—27; 33 f.

5) Das SC war stückweise schon früher bekannt (C. I. L. VI 877 b; Bruns font.⁶ 174), vollständiger durch die neuerdings aufgefundenen und von Mommsen (Eph. epigr. VIII 225 ff.) commentirten Acten der Saecularspiele.

1 bis 3 Juli dieses Jahres stattfindenden Saecularspiele [1]). Die Urkunde lautet (V. 50 ff.) mit den Ergänzungen von Mommsen: *A(nte) d(iem) X k(alendas) Iun(ias) in saeptis [Iulis . . . scribendo adfuerunt . . .] Aemilius Le[pi]dus, L. Cestius, L. Petronius Rufus . . . Quod C. Silanu[s co(n)]s(ul) v(erba) f(ecit) ludos saecularis post complur[es annos eo qui nunc est facientibus (?) Imp. Caesare] Augusto et M. A[grip]pa tribunic(ia) potestate futuros, quos [quod spectare quam plurimos convenit] propter rel[igion]em atqu[e] etiam quod tali spectaculo [nemo iterum intererit* [2]), *permittendum videri lu]dorum eo[ru]m [diebu]s qui nondum sunt maritati sin[e fraude sua ut adsint, q(uid) d(e) e(a) r(e) f(ieri) p(laceret), d(e) e(a) r(e) i(ta c(ensuerunt): ut quoniam ludi ici] religio[nis] causa sun[t in]stituti neque ultra quam semel ulli mor[talium eos spectare licet, ludos] quos [m]ag(istri) XV vir(um s(acris) f(aciundis) [ed]ent, s(ine) f(raude) s(ua) spectare liceat ieis, qui lege de marita[ndis ordinibus tenentur].* Der Senat dispensirt hier für die Dauer der Saecularspiele von einer Vorschrift der Lex Iulia de maritandis ordinibus, wonach den *caelibes* d. h. den unverheirateten Personen, von welchen das Gesetz die Ehe forderte [3]), verboten

---

1) Ueber die Saecularspiele vgl. Marquardt StV. III[2] 385 ff.; Mommsen a. a. O. Die Entstehungszeit des darauf bezüglichen Sibyllenorakels (Phlegon bei Müller F. H. G. III 611; Zosimos II 6) ist fraglich; vgl. Diels Sibyll. Blätter 14; Mommsen 234 ff. Dio (54, 17) berichtet zum Jahre 736/18: *καὶ τὰ ἔπη τὰ Σιβύλλεια ἐξίτηλα ὑπὸ τοῦ χρόνου γεγονότα τοὺς ἱερέας αὐτοχειρίᾳ ἐκγράψασθαι ἐκέλευσεν, ἵνα μηδεὶς ἕτερος αὐτὰ ἀναλέξηται* (diese Nachricht wird durch Suet. Aug. 31 nicht umgestossen). Auch wenn das Orakel nicht damals erst entstanden ist, so ist doch denkbar, dass es nicht beim blossen Abschreiben geblieben ist. Auffällig sind die Geburtsgöttinnen (9), die doch mit dem ganzen Ritus wenig zu tun haben. Sollten sie vielleicht damals in den Spruch hineingefügt sein? Sie würden durch des Kaisers Gesetzgebung dieses Jahres wol erklärt sein. Auch Horaz (C. S. 14 ff.) führt sie im unmittelbaren Zusammenhange damit an.

2) Vgl. Suet. Claud. 21; Plinius H. N. VII 159.

3) *Qui nondum sunt maritati*, vgl. I. P. P. 30. Uebrigens ist die Altersgrenze von 25 und 20 Jahren (Mommsen S. 248) von der Lex Papia Poppaea für den Beginn der Orbitätsstrafen festgesetzt: Tertull. apol. 4; vgl. I. P. P. 10 f.

war, der Feier beizuwohnen [1]). Einen ganz ähnlichen Dispens erwähnt Dio (54, 30) zum Jahre 742/12: *καὶ αὐτὸν διά τε ταῦτα καὶ διὰ τὰ ἄλλα ἀνδριᾶσί τε ἐκ συντελείας ἐτίμησαν καὶ συνθεᾶσθαι τοῖς ἄλλοις καὶ συνδειπνεῖν ἐν τοῖς γενεθλίοις αὐτοῦ δοῦναι· οὐ γὰρ ἐξῆν οὐδέτερον.* Man wird demnach auch hier die Lex de maritandis ordinibus als Quelle des Verbotes ansehen dürfen [2]). Jedenfalls steht durch das SC. de ludis saecularibus unbedingt fest, dass das Gesetz am 23. Mai 737/17 nicht nur vom Volk angenommen war, sondern auch Gesetzeskraft hatte. Es kann also auch keine Rede davon sein, dass sein Geltungsbeginn damals noch um zwei oder drei oder fünf Jahre hinausgeschoben worden sei [3]).

3, Schliesslich kennt auch Horaz die Lex de maritandis ordinibus in dieser Zeit. Bekanntlich wurde ihm die Abfassung des Festliedes für die Saecularspiele übertragen [4]): er wusste, dass er seinen Dank für diese Ehre nicht besser zum Ausdruck bringen konnte als durch eine Fürbitte um Segen für das dem Kaiser so sehr am Herzen liegende Ehegesetz. Er ruft die Geburtsgöttin Ilithyia an (17 ff.):

Diva, producas subolem, patrumque
prosperes decreta super iugandis
feminis prolisque novae feraci
lege marita [5]).

Befremden erregt nur, dass nicht direct für das Gesetz, sondern für die *decreta patrum* [6]) über die Verheiratung der

---

1) Wenn es bei Sueton (Aug. 31) heisst: *item saecularibus ludis iuvenes utriusque sexus prohibuit ullum nocturnum spectaculum frequentare nisi cum aliquo maiore natu propinquorum*, so liegt nach diesen Worten ein spezielles Verbot für die Saecularspiele, nicht eine gesetzliche Vorschrift vor: davon betroffen waren wahrscheinlich die Jünglinge und Mädchen, von welchen das Gesetz noch nicht die Ehe forderte.

2) Vgl. I. P. P. 27.

3) Vgl. die oben S. 1, 1 angeführten Arbeiten von Heineccius, Wenck, Marx.

4) Sueton V. Hor.; Act. lud. saec. 149.

5) Vgl. dazu Acron *feraci] fecunda quae procreandorum liberorum causa promulgata est, quae lex Iulia dicitur*. Comm. Cruq. s. ob. S. 16, 3.

6) Dass der Ausdruck wörtlich zu nehmen ist, scheint mir trotz aller poetischen Licenz notwendig.

Frauen und über das Ehegesetz gebetet wird[1]). Eine völlig befriedigende Erklärung vermag ich dafür nicht zu geben. Es ist möglich, dass der Senat Ausführungsbestimmungen über das Gesetz erlassen hat; das nächstliegende wäre, an solche, die auf die Saecularspiele Bezug haben zu denken. Aber unsere Acten enthalten darüber nichts als den oben (S. 31) erwähnten Dispens der Heiratspflichtigen von dem Verbot der Teilnahme an jenen Spielen; und diese im Vergleich mit dem Inhalt des Gesetzes ganz nebensächliche Bestimmung kann Horaz hier natürlich nicht im Sinn gehabt haben. Von anderweiten Ausführungsbestimmungen wissen wir nichts und jedenfalls wäre es seltsam gewesen, sie statt des Gesetzes selbst zu nennen. Eher möchte eine andere Annahme glaubhaft erscheinen: Horaz hat den Auftrag das Saeculargedicht abzufassen jedenfalls nicht erst unmittelbar vor der Feier, deren Vorbereitung ja längere Zeit in Anspruch nahm, erhalten[2]), und es ist mög-

1) *Lege marita* hängt ebenso wie *iugandis feminis* von *super* ab. Dass beides neben einander genannt wird, obwol die Vorschriften über Verheiratung der Frauen auch in dem Gesetz enthalten waren, dass nur von der Verheiratung der Frauen, nicht auch von der der Männer die Rede ist, darüber darf man mit dem Dichter nicht rechten. Für unzutreffend halte ich die Erklärung von Kiessling, wonach sich die Worte *super iugandis feminis* auf die von Dio 54, 16 berichtete Erlaubnis an die Freigeborenen, Freigelassene zu heiraten, beziehen sollen. Horaz konnte hier unmöglich bitten: Göttin, segne die Beschlüsse über die Libertinenehen!

2) Die Saecularspiele waren jedenfalls längere Zeit vorher geplant, wenn auch die Ansicht von Hirschfeld (Wiener Studien III 99 ff.), Kiessling (K. v. Wilam. Philol. Unters. II 120 und zu Hor. Od. I 21) und Diels (Sibyll. Blätter 14, 3), dass sie bereits im Jahre 731/23 abgehalten werden sollten, schon deswegen nicht glaubhaft erscheint, weil die Spiele im Jahre 737/17 nicht am 26., sondern, wie wir jetzt wissen, vom 1. bis 3. Juni abgehalten wurden (vgl. ausserdem Mommsen Eph. ep. VIII 236, 1). Aber im Jahre 735/19 scheinen sie schon in Aussicht genommen zu sein (Verg. Aen. VI 792; Mommsen 220, 1). Im folgenden Jahre (736/18) erging der Auftrag an das Quindecimviral-Collegium, die Sibyllensprüche, auf denen das Ritual der Feier beruhte, abzuschreiben (Dio 54, 17) und nicht viel später wird auch C. Ateius Capito mit der Auslegung des Orakels betraut sein (Zosimos II 4). Am 17. März 737/17 beschloss der Senat schon über die Kosten der Spiele (C. I. L. VI 877 a; Mommsen Eph. VIII 245). So ist es sehr wol möglich, dass auch Horaz schon im Jahre 736/18 einen

lich, dass er dasselbe zu einer Zeit verfasst hat, zu welcher erst Beschlüsse des Senats über die Einbringung der Lex Iulia [1]), aber noch keine Volksabstimmung vorlag. Trotzdem bleibt es in hohem Grade auffällig, dass der Dichter, als nun später die Pläne des Kaisers zur Tat geworden waren und das Gesetz erlassen war, seine Strophe nicht abgeändert hat.

Wie nun auch die Verse des Horaz zu erklären sein mögen, so bleibt doch in jedem Falle unser Resultat, dass die Lex de maritandis ordinibus am 23 Mai 737/17 geltendes Recht war, bestehen. Das Jahr 736/18 beruht allerdings allein auf der Auctorität Dios [2]), aber unsere Quellen bieten keinen genügenden Anhalt, seinen Bericht für unrichtig zu erklären und das Gesetz erst in den Anfang 737/17 zu setzen.

II.

Ueber den Verlauf der Gesetzgebung im einzelnen sind wir nur wenig unterrichtet. Augustus selbst sagt [3]) der Senat habe ihn zu den Sittengesetzen veranlasst. Selbstverständlich beziehen sich diese Worte nur auf den äusseren Hergang: der Gedanke ging ohne Frage vom Kaiser aus. Wahrscheinlich hat der Senat, der ja wusste, was Augustus wollte, zunächst geglaubt, ihn mit ausserordentlichen Vollmachten auszurüsten zu sollen, und als Augustus diese ausschlug, ihn in der herkömmlichen Weise aufgefordert, die Gesetze beim Volke einzubringen. Auch die Erzählung Dios (54, 16) von den Verhandlungen im Senat scheint anzudeuten, dass man noch nicht über einen vorliegenden Entwurf, sondern nur über die zu ergreifenden Massregeln im allgemeinen beriet. Man wies den Kaiser darauf hin, dass es bei dem ungebundenen Leben der

---

Auftrag hatte. Wie wichtig die Angelegenheit für ihn war, zeigt das auf die Feier und das Saeculargedicht bezügliche und vor diesem abgefasste Lied IV 6.

1) Es wird gleich näher hierüber zu handeln sein. Kiessling weist mit Recht zur Erklärung von C.S. 17 auf Mon. Anc. gr. 3, 19 hin.

2) Dio 54, 16: ἐνομοθέτησε. Die weitere Erzählung betrifft allerdings bloss die Senatsverhandlungen.

3) Mon. Anc. gr. 3, 19.

jungen Leute beiderlei Geschlechts schwer halten würde, sie zur Eheschliessung bereit zu finden, und forderte ihn auf, der eingerissenen Zuchtlosigkeit entgegenzutreten. Augustus erwiderte, er habe das nötige (d. h. Strafen für Ehelosigkeit und Belohnungen für Verheiratete und Väter) vorgesehen [1]), das übrige (d. h. der Sinn für Ehe- und Familienleben) lasse sich nicht in gleicher Weise unter gesetzliche Vorschriften stellen. Diese Aufforderung der Senatoren und die Antwort des Kaisers erklären sich jedenfalls am einfachsten, wenn man annimmt, dass seine Gesetzentwürfe im einzelnen noch nicht bekannt waren. Im übrigen ist der Bericht Dios, so abgerissen er ist und so sehr er sich an Aeusserlichkeiten hält, ein interessanter Beweis für die Stimmung gegenüber den Plänen des Kaisers. Man wagte Anspielungen auf seinen eigenen Lebenswandel, der in dieser Hinsicht keineswegs fleckenlos war. Und als Augustus äusserte, jeder müsse sein Weib zur Ehrbarkeit ermahnen, wie er selbst es tue, drang man in ihn, er möge doch mitteilen, was er seiner Livia ans Herz zu legen pflege. Der Spott, welcher in dieser Bitte lag, ist unverkennbar. Augustus musste gute Miene zum bösen Spiel machen: mit übel verhaltenem Aerger brachte er einiges über weibliche Kleidung, Putz, Anstand auf der Strasse und Sittsamkeit vor.

Die Senatsverhandlungen scheinen sich in die Länge gezogen zu haben. Augustus sparte keine Mühe für seine Gesetze. Es wird berichtet, dass er bei dieser Gelegenheit eine Rede, welche Q. Caecilius Metellus Macedonicus als Censor (623/131) über Ehe und Kinderzeugung gehalten hatte, im Senat vorlas, um zu zeigen, dass man von jeher die Notwendigkeit solcher Bestrebungen wie die seinigen anerkannt habe [2]).

Nachdem Augustus die Zustimmung (oder Aufforderung) des Senats erhalten hatte, brachte er den Gesetzentwurf kraft

---

1) Dio 54, 16: *ὅτι τὰ μὲν ἀναγκαιότατα διώρισται.* Es scheint mir notwendig, diese Worte auf die vorher erwähnten *γάμων συναλλαγαί* zu beziehen; dabei an die Lex de adulteriis zu denken, liegt kein genügender Grund vor.

2) Suet. Aug. 89; Liv. per. 59; Gell. I 6. Letzterer nennt den Q. Caecilius Metellus Numidicus, Censor 652/102, wol irrtümlich: Marx Stud. Luc. 90.

seiner tribunicischen Gewalt vor das Volk, also vor das Concilium plebis. Ob er auch hier Schwierigkeiten gefunden hat, ist nicht bekannt: jedenfalls wurde das Gesetz angenommen [1]).

III.

Wahrscheinlich gehört auch die Lex Iulia de adulteriis dem Jahre 736/18 an [2]).

1. Die früheste unzweifelhafte Erwähnung dieses Gesetzes findet sich bei Horaz (Od. IV 5, 21 ff.)

Nullis polluitur casta domus stupris [3]),
mos et lex maculosum edomuit nefas,
laudantur simili prole puerperae [4]),
culpam poena premit comes.

Porphyrio bemerkt dazu: *eleganter videtur legem significare, quam de adulteriis sanxit.* Das Gedicht ist in Erwartung der am 4 Juli 741/13 stattgefundenen Heimkehr des Kaisers aus Gallien geschrieben. Da Augustus seit 738/16 aus Rom abwesend war, so gewinnen wir das letztere Jahr als äusserste Grenze für die von ihm selbst bewerkstelligte Rogation des Gesetzes.

2. Auf dieselbe Zeit führt eine später (S. 41) genauer zu verfolgende Spur aus Properz letzter Elegie (IV 11, 47 f.).

3. Jedoch glaube ich das Gesetz noch genauer bestimmen zu können. Unter den vier Gesetzen, welche Sueton (Aug. 34;

---

1) Mon. Anc. 3, 20; vgl. Mommsen StR. II[3] 832. Sueton Aug. 89 erzählt, Augustus habe die Rede des Metellus auch durch ein Edict (also in einer Contio) bekannt gemacht.

2) Soweit ich sehe, ist diese Datirung allgemein anerkannt: vgl. Hoffmann Ad legem Iuliam de adult. (bei Fellenberg Iurispr. ant. I) 161 ff.; Zimmern I 113; Puchta I[10] 298; Rudorff I 88; Karlowa I 617; Mommsen StR II[3] 882, 4.

3) *Stuprum* ist hier wol nicht im technischen Sinne der Lex de adult. (ob. S. 10, 2) zu verstehen.

4) Der Gedanke, dass die Aehnlichkeit der Kinder mit dem Vater ein Beweis für ihre eheliche Geburt sei, kehrt im Altertum öfter wieder. Vgl. Kiessling z. d. St. (dazu Plut. praec. r. publ. ger. 32, 9) und ausserdem Athen. V 190 e; Stob. Flor. XIV 74, 61; C.I.L. VI 12845.

vgl. ob. S. 29) zusammen nennt, nimmt die Lex de maritandis ordinibus die letzte Stelle ein. Daran knüpft der Schriftsteller die Erzählung über deren weitere Schicksale, indem er zunächst der Revision dieses Gesetzes im ganzen gedenkt [1]) und dann zwei einzelne Abänderungen desselben erwähnt. In letzterer Hinsicht bemerkt er: *Cumque etiam immaturitate sponsarum et matrimoniorum crebra mutatione vim legis eludi sentiret, tempus sponsas habendi coarctavit, divortiis modum imposuit.* Es ist klar: mit den Worten *cumque etiam ... sentiret* wird zurückgegriffen auf *hanc cum ... emendasset;* beide Sätze gehen einander parallel, das Gesetz, das man durch die frühzeitigen Verlobungen zu umgehen suchte, ist dasselbe, auf welches das erste *hanc cum* zu beziehen ist, nämlich die Lex de maritandis ordinibus, nicht deren Revision, von welcher unmittelbar vorher die Rede ist. Auch sachlich kann man zu keinem andern Resultate gelangen, denn die Lex Iulia de maritandis ordinibus stellte die Vorschrift der Verheiratung auf [2]), und nur auf diese kommt es hier an. Dem entsprechend finden wir wenigstens den ersten Teil der Notiz Suetons, die Verlobung mit Kindern, auch bei Dio (56, 14) im Anschluss an die Erzählung vom Erlass dieses Gesetzes unter den Ereignissen des Jahres 736/18 folgendermassen wiedergegeben [3]): *Ὡς δ' οὖν βρέφη τινὲς ἐγγυώμενοι τὰς μὲν τιμὰς τῶν γεγαμηκότων ἐκαρποῦντο τὸ δὲ ἔργον αὐτῶν οὐ παρείχοντο, προσέταξε μηδεμίαν ἐγγύην ἰσχύειν, μεθ' ἣν οὐδὲ δυοῖν ἐτοῖν διελθόντων γαμήσει τις, τοὺτ' ἔστι δεκέτιν πάντως ἐγγυᾶσθαι τόν γέ τι ἀπ' αὐτῆς ἀπολαύσαντα.* In dem iulischen Gesetz war demnach die Bestimmung enthalten, dass die Verlobten *in maritorum numero* sein [4]), also den Caelibatsstrafen nicht unterliegen sollten. Wie weit die Gleichstellung durchgeführt war, ist nicht gesagt: alle Rechte der Verheirateten konnten den Verlobten kaum zuge-

1) *Hanc cum aliquanto severius emendasset etc.*; darüber ist später näher zu handeln.

2) Vgl. ob. S. 30.

3) Dazwischen geschoben ist die oben S. 16, 3 erwähnte Erzählung aus der Censur (wahrscheinlich von 726/28) des Augustus. Zur Sache vgl. Dio 56, 7.

4) Vgl. ob. S. 23, 1.

sprochen sein, es wird sich hauptsächlich um die Capacität gehandelt haben. Augustus begegnete also dem Unwesen, dass man sich, um die Iura maritorum zu erlangen, mit Kindern verlobte, durch die Vorschrift, dass nur die Verlöbnisse in Betracht kommen sollten, auf welche innerhalb von zwei Jahren eine Ehe erfolgen konnte.

Das zweite Stück des Berichts bei Sueton wird von Dio nicht erwähnt: um die Vorteile der Verheirateten zu erlangen, namentlich um *capax* zu werden, schloss man eine Ehe und löste sie nach Erreichung dieses Zweckes wieder auf. Augustus schritt dagegen ein, indem er, wie Sneton sagt: ***divortiis modum imposuit.*** Es handelt sich hier um die bekannte Formvorschrift, wonach die Ehescheidung in Gegenwart von sieben Zeugen geschehen sollte [1]). Diese aber stammte, wie wir durch Ulpian erfahren, aus der Lex Iulia de adulteriis (D. 38, 11: *Item Iulia de adulteriis, nisi certo modo divortium factum sit, pro infecto habet*). Da nun Sueton beides, das Verbot der Verlobung mit Kindern und den *modus divortiorum* in nahe Verbindung bringt, da wir ferner durch Dio wissen, dass jenes Verbot bald nach der Lex de maritandis ordinibus im Jahre 736/18 erging, so darf man daraus schliessen, dass auch die Erschwerung der Scheidungen, das heisst die Lex de adulteriis, derselben Zeit angehört.

Es sei gestattet, an dieser Stelle noch einer Vermutung Ausdruck zu geben. Die Lex de adulteriis hatte recht mannigfachen Inhalt: ausser den Strafen für die geschlechtlichen Vergehungen (*adulterium, lenocinium, stuprum, incestus*) bestimmte sie über die Unveräusserlichkeit des *fundus dotalis* [2]) und, wie wir eben sahen, über Ehescheidung: wäre es nicht möglich, dass auch das Verbot der Verlobung mit Kindern aus dieser *lex satura* stammte, dass also die beiden von Sueton erwähnten Abänderungen der Lex de maritandis ordinibus demselben

---

1) Vgl. D. 24, 2, 9; D. 48, 5, 44; C. 5, 17, 6; Schlesinger Z. f. RG. V 193 ff.

2) Paul. Sent. II 21b, 2; vgl. Gai. II 63; D. 23, 5, 4, 16 und die Ueberschriften von fr. 2. 6. 12. 13. 14 (Lex Iulia de fundo dotali in fr. 1 ist Teilbezeichnung).

Gesetz angehörten? Wie dem auch sei, jedenfalls ergiebt sich aus den vorstehenden Erörterungen, dass die beiden sich in ihren Zielen so nahe berührenden Gesetze auch zeitlich zusammengehören, dass aber die Lex de maritandis ordinibus der Lex de adulteriis voranging. Augustus benutzte die nächste Gelegenheit, die Lücke — oder wenn unsere Vermutung richtig ist: die Lücken —, welche sich bald nach dem Erlass des ersteren Gesetzes zeigten, in dem zweiten zu verschliessen.

IV.

Es erübrigt nunmehr, die Spuren der Ehegesetze bei den zeitgenössischen Dichtern und in den Quellen der Geschichte der nächsten Jahre (vorläufig bis 4/757) zu verfolgen.

1. Die dieser Zeit angehörenden Gedichte des Horaz sind teilweise schon für die genauere chronologische Fixirung der Gesetze verwertet: in dem Saeculargedicht (S. 32) und in Od. IV 5 (S. 36) werden die Lex de maritandis ordinibus und die Lex de adulteriis deutlich hervorgehoben. Auch die Verse (C. S. 45 ff.):

Di, probos mores docili iuventae,
di, senectuti placidae quietem,
Romulae genti date rem prolemque
et decus omne!

sind gewiss nicht ohne die Absicht einer Hinweisung auf die Ehegesetze geschrieben.

Die Oden des vierten Buches sind auf directe Veranlassung des Augustus um 741/13 herausgegeben und zum Teil auch verfasst. Während durch die früheren politischen Lieder ein Ton der Niedergeschlagenheit wegen der traurigen Sittenzustände und des Kaisers Misserfolg hindurchgeht, ist der Dichter jetzt nach dem Erlass der Gesetze voll froher Zuversicht und hofft auf vollen Erfolg für seines Gönners Bestrebungen. Es klingt wie eine Palinodie, wenn wir lesen, dass jetzt Sitte und Gesetz das Uebel gebändigt haben (IV 5, 22), dass jetzt der Schuld die Strafe auf dem Fusse folge (ebd. 24), dass der Kaiser der Zuchtlosigkeit Zügel angelegt habe (IV

15, 9 ff.): man kann sich dem Eindruck nicht entziehen, dass Horaz hier absichtlich auf seine früheren Gedichte (S. 12) zurückgegriffen hat. Damals klagte er, die Stadt sei fast eine Beute der Feinde geworden (III 6, 13 ff.), und die römische Jugend erweise sich kriegsuntüchtig (S. 13), die alten Römertugenden sah er entschwinden (III 6, 33 ff.): jetzt ist Rom in Folge der Siege des Augustus und seiner Stiefsöhne vor äusseren Feinden sicher (IV 4, 17 ff.; 14, 33 ff.; 15, 6 ff. 13 ff.), jetzt kehren Fides und Pax, Pudor und die lange vergessene Virtus zurück (C. S. 57 ff.; IV 15, 12), und keinen Bürgerkrieg braucht man zu fürchten (IV 15, 17 ff.). Auch hier ist der offiziöse Charakter unverkennbar: die Gesetze sollten bei der Menge populär gemacht werden. Denn dass die Freude darüber in Wirklichkeit nicht so gross war, als Horaz es uns ausmalen will, und dass die Gesetze keineswegs den Erfolg hatten, der ihnen hier prophezeit wird, lehrt die Geschichte der folgenden Jahre deutlich genug [1]). — Aus der gleichen Zeit (speziell 741/13 [2])) stammen auch folgende Verse aus Horaz Episteln (II 1, 1 ff.):

Cum tot sustineas et tanta negotia solus,
res Italas armis tuteris moribus [3]) *ornes*
legibus emendes, in publica commoda peccem,
si longo sermone morer tua tempora, Caesar.

Diese Verse sind um so bedeutsamer, da sie auf directe Veranlassung des Augustus geschrieben sind [4]): Horaz wusste, welche seiner Taten der Kaiser am liebsten preisen hörte.

2. Von Properz kommt hier die berühmte ‚Königin der Elegien' (IV 11) auf den Tod der Cornelia in Betracht. Sie

---

1) Das erstere zeigen schon die oben (S. 34 f.) erwähnten Senatsverhandlungen. Vgl. ferner Dio 54, 17: *εἰ καὶ πρὸς τὴν ἀκρίβειαν τῶν ἄλλων αὐτοῦ νομοθετημάτων ἤχθοντό τινες.* Auch die dort angeführte Aeusserung des Pylades *ὅτι συμφέροι σοι, Καῖσαρ, περὶ ἡμᾶς τὸν δῆμον ἀποδιατρίβεσθαι* (vgl. Macrob. II 7, 9) mag auf die Aufregung wegen der Ehegesetze Bezug haben. Dio 54, 19 berichtet von Missgriffen in der Anwendung der Gesetze.

2) Vgl. Mommsen Hermes XV 103 ff.

3) Vgl. ob. S. 29, 1.

4) Suet. vita. Hor.

ist 737/17 oder 738/16 entstanden [1]). Mit dem nächsten Zweck, die Verstorbene zu feiern, verbindet der Dichter den weiteren, sie in ihrem Leben und Denken als Muster einer edlen römischen Frau hinzustellen. Mit Stolz hebt sie darum den unterirdischen Richtern gegenüber hervor, dass ihr die Natur selbst das Gebot der Pflicht und Ehre ins Herz geschrieben habe, dass für sie Gesetze, welche Frauentugend erhöhen sollen, nicht nötig seien (45 ff.):

Nec mea mutata est aetas, sine crimine tota est:
viximus insignes inter utramque facem.
Mi natura dedit leges a sanguine ductas
ne possem melior iudicis esse metu.

Wenn man bedenkt, dass um die Zeit der Entstehung dieses Gedichtes ein grosses gegen den Ehebruch gerichtetes Gesetz erlassen war, welches damals alle Kreise lebhaft bewegte, so wird man bei dieser Gegenüberstellung der *lex naturae* und *lex scripta* (denn das liegt doch in der 'Furcht vor dem Richter') kein Bedenken tragen, die Verse auf jene Lex de adulteriis zu beziehen.

Wahrscheinlich bietet das Gedicht auch eine Hindeutung auf die Lex de maritandis ordinibus. Das Verdienst, diesen Punkt, nachdem schon ältere Ausleger des Properz darauf hingewiesen hatten, klar gelegt zu haben, gebührt Hübner [2]). Es heisst (61 f.):

Et tamen emerui generosos vestis honores
nec mea de sterili facta rapina domo.

Augustus hatte, so meint der genannte Forscher, den Müttern von drei Kindern das Recht, ein besonders ehrenvolles Gewand zu tragen, verliehen, sei es, dass die Auszeichnung im Schnitt,

---

1) Man nimmt gewöhnlich das letztere Jahr auf Grund von V. 65 f. an: *Vidimus et fratrem sellam geminasse curulem, Consule quo facto* (*Consul quo factus* Lachmann) *tempore rapta soror.* Der Bruder der Cornelia, P. Cornelius P. f. P. n. Scipio war Consul ordinarius im Jahre 738/16; *consul fieri* kann bedeuten Consul werden, d. h. das Amt antreten (738/16), oder zum Consul gewählt werden (737/17). Hübner (Comm. in hon. Momms. 111) erklärt übrigens die Verse für eine Interpolation: ich glaube nicht mit Recht.

2) S. 104 f. S. die vorige Anmerkung.

oder in der Farbe oder in einer Verzierung an der üblichen Tracht der Matronen, der Stola, bestanden hat. Dem entsprechend werden die auf Inschriften begegnenden *feminae stolatae* [1]) als Frauen, welche das Ius trium liberorum erworben oder erhalten hatten, aufgefasst. Der Grundgedanke Hübners scheint mir richtig: da Cornelia es besonders hervorhebt, dass sie sich das Ehrenkleid verdient habe und unmittelbar danach auf ihre Kinder hinweist, so kann sie nicht an die Stola, welche alle verheirateten Frauen trugen, gedacht haben, sondern muss der Grund in einem besonderen Vorrecht ehrbarer Mütter gesucht werden. Diese Ansicht wird um so glaubhafter, wenn man in Betracht zieht, dass schon Caesar Vorschriften erlassen hatte, welche bestimmte Kleidung und Schmuck nur verheirateten Frauen und Müttern gestattete [2]). Nur die Gleichstellung der *feminae stolatae* mit den Frauen, welche das Drei-Kinderrecht [3]) hatten und die Behauptung, dass es gerade dieses Recht gewesen sei, welches zu dem Ehrenkleid berechtigte, wird durch die Tatsache allein, dass Cornelia drei Kinder hinterliess, nicht genügend bewiesen. Es ist ebenso wol denkbar, dass das Vorrecht den Müttern schlechthin zustand [4]), und dazu passt auch

---

1) Zusammenstellungen bei Hübner 105 f.; Friedlaender SG. I[6] 515. I[6] 474; Marquardt Privatl.[2] 575. Hinzu kommt neuerdings C.I.L. III 8754 aus Salonae.

2) Hieron. a. Abr. 1971; Suet. Caes. 43; vgl. ob. S. 4, 1.

3) Ueber das Ius III (IIII) liberorum vgl. I.P.P. 33 ff. 54 ff.; Zusammenstellungen der aus der Litteratur und den Inschriften bekannten Fälle dieses Rechts ebd. 59 ff. (No. 14 s. jetzt C. I. L. VI 7411; No. 15 C.I.L. VI 10247). Hinzuzufügen ist C.I.L. VI 10246; vgl. ferner III 10055; VI 16398; VIII 11448; X 7990; XII 1920. 4247.

4) Wo das Ius III liberorum in der Lex Iulia vorkommt, handelt es sich um Befreiungen und Dispense; so in dem sichern Fall der Befreiung von der Geschlechtsvormundschaft (I. P. P. 25 f.) und in dem zweifelhaften der Excusation von der Vormundschaft (I. P. P. 23 f.), der übrigens für Frauen nicht in Betracht kam. Die Vorrechte bei der Aemterbewerbung setzen nirgends drei Kinder voraus, sind überhaupt relativer Natur (I. P. P. 20 f.). In der Lex Papia Poppaea sind die wichtigsten Rechte (volle Capacität und *patrum caducorum vindicatio*) von dem Vorhandensein eines Kindes abhängig (I. P. P. 31. 34, 3. 49; vgl. auch Ulp. 15. 16, 1a, wo ebenfalls nicht drei Kinder gefordert werden).

das Wort Cornelias, dass sie nicht aus einem ‚kinderlosen' Hause scheide, am besten.

3. Nach Augustus Rückkehr aus Gallien im Jahre 741/13 hat die Ehegesetzgebung, soweit wir unterrichtet sind, zunächst geruht. Der Kaiser bemühte sich, seine Gesetze immer mehr einzubürgern, namentlich die Neigung zum ehelichen Leben zu verstärken [1]) und den Ehebruch zu strafen. Aber gerade in dieser Beziehung sollte er schlimmes im eigenen Hause erfahren: im Jahre 752/2 musste er seine ehebrecherische Tochter in die Verbannung schicken [2]).

Auch zwei Senatsbeschlüsse, welche sich auf die Lex de maritandis ordinibus beziehen, mögen hier angeführt sein: zunächst die schon erwähnte Erlaubnis für die Ehelosen beiderlei Geschlechts, zur Feier von Augustus Geburtstag an öffentlichen Aufzügen und Festmahlen teil zu nehmen (742/12) [3]); sodann die Verleihung des Ius trium liberorum an Livia im Jahre 745/9 zum Trost über den Verlust ihres Sohnes Drusus [4]).

4. Interessante Spuren der Ehegesetze weist schliesslich auch die bekannte im Jahre 752/2 oder 753/1 entstandene Ars amatoria des Ovid auf [5]). Es giebt manches Gedicht, das

---

1) Dahin gehört die Erzählung bei Suet. Aug. 46: *iis, qui e plebe regiones sibi revisenti filios filiasve approbarent, singula nummorum milia pro singulis dividebat.* Vgl. auch Gell. X 2, 2. — Mehrfach wird erwähnt, dass Augustus vornehme Männer durch seinen Einfluss zur Heirat bestimmte, sie auch zu diesem Zwecke mit Geld unterstützte; so Cornelius Sisenna (Dio 54, 27), namentlich Hortensius Hortalus (Tac. Ann. II 37; Suet. Tib. 47). Auch von seiner Gemahlin Livia wird ähnliches erzählt (Dio 58, 2). Bei der Ausübung der Censur (Macr. 2, 4, 25), bei der Rechtsprechung (Val. Max. VII 7, 4) betont er die Pflicht des Bürgers, für Ehe und Familie zu sorgen. — Vgl. ferner Suet. Aug. 66 *Legata vel partes hereditatium a quibuscumque parentibus relicta sibi aut statim liberis eorum concedere aut si pupillari aetate essent die virilis togae vel nuptiarum cum incremento restituere consuerat*; vgl. Dio 56, 22.

2) Dio 55, 10; Suet. Aug. 65; Vell. II 100; Tac. Ann. I 53; VI 57 Sen. de benef. VI 32; Plin. H.N. VII 149; Macrob. II 5.

3) Dio 54, 30; s. ob. S. 32.

4) Dio 55, 2: Ἡ δὲ δὴ Λιουία ... ἐς τὰς μητέρας τὰς τρὶς τεκούσας ἐσεγράφη.

5) Zur Charakteristik s. Ribbeck Röm. Dichtung II 262 ff.

schmutziger und schlüpfriger ist; aber kaum jemals ist ein so frivoles Buch geschrieben: jede Seite predigt Verführung. Allerdings verwahrt sich der Dichter gegen den Vorwurf, dass er zum Ehebruch verleiten wolle: die freie Liebe, die er schildere, habe mit der Ehe nichts zu tun; sein Buch sei nur für ‚Mädchen', nicht zur Verlockung von Frauen geschrieben. Am Eingang stehen sogar Verse, welche die verheirateten Frauen, denen die Lex adulteriis galt, verhindern sollten, das Buch zu lesen (I 31 ff.);

Este procul vittae tenues, insigne pudoris
quaeque tegis medios instita longa pedes[1]:
nos venerem tutam concessaque furta canemus,
inque meo nullum carmine crimen erit.

Bei Wiederholungen dieses Gedankens tritt die Beziehung auf das Gesetz[2]) noch deutlicher hervor; so II 599 f.:

En, iterum testor: nihil hic nisi lege remissum
luditur; in nostris instita nulla iocis.

und III 57 f.[3]):

Dum facit ingenium, petite hinc praecepta, puellae,
quas pudor et leges et sua iura sinunt.

Dass es ihm aber mit seiner Warnung nicht ernst gewesen ist, liegt auf der Hand: sie ist nichts anderes als eine versteckte Anlockung. Einem so feinen Kenner der Frauen und des hauptstädtischen Lebens wie Ovid, war es natürlich nicht verborgen, dass nichts mehr geeignet war, seine Leserinnen aut den pikanten Inhalt des Buches aufmerksam zu machen, als eine derartige Abwehr[4]). Andererseits konnte man sich auch

---

1) *Instita* ist der Saum an der Stola. Natürlich ist hier an die Stola der Matronen überhaupt gedacht. Vgl. Hübner (S. 41, 5) 107 ff. Ueber die *vittae* ebd. 103 f. Marquardt Privatl.[2] 46, 3.

2) In der Wiederholung der obigen Stelle in den Tristien (II 249) lautet auch der obige Vers 33: *Nil nisi legitimum concessaque furta canemus.*

3) Vgl. ferner III 611 f.; Rem. am. 385.

4) Denselben Gedanken finden wir offen ausgesprochen bei Martial III 68. 86.

gelegentlich zur Entschuldigung auf solche Verse berufen [1]). Auch wusste er genau, dass, wenn er von Liebschaften mit Mädchen sprach, doch auch die Frauen die nötigen Lehren aus seinem Buche ziehen würden. Allerdings mit offenen Worten hat Ovid in der Ars amatoria den Ehebruch nicht gepriesen; Verse wie wir sie in den Amores lesen, z. B. III 4:

(27) *Nec facie placet illa sua sed amore mariti.*
(29) *Non proba fit quam vir servat, sed adultera cara.*
(37) *Rusticus est nimium, quem laedit adultera, coniux*
et notos mores non satis urbis habet.
(41) *Quo tibi formonsam, si non nisi casta placebat?*
non possunt ullis ista coire modis [2]).

finden sich hier nicht. Um so grösser aber ist das Raffinement, mit welchem der Dichter die Sünde zu schildern weiss: wenn z. B. für den Ehebruch des Paris und der Helena der Torheit des Menelaus, die Frau und den Gast allein unter einem Dache zu lassen, die Schuld beigemessen wird (II 359 ff.), oder wenn das Abenteuer des Mars und der Venus mit ausgesuchter Lüsternheit vorgetragen wird (II 561 ff.) und dann am Schlusse (599 f.) die bekannte Verwahrung wiederkehrt, so haben seine Leser und Leserinnen den Ausdruck der Harmlosigkeit, den er sich dabei zu geben weiss, gewiss richtig aufgefasst.

Ausser den angeführten Stellen, in denen die Beziehung auf die Lex de adulteriis unverkennbar ist, dürften für uns noch folgende in Betracht kommen:

Im zweiten Buch (151 ff.) werden die Verliebten ermahnt, nicht wie die Ehegatten in stetem Zank und Streit mit einander zu leben, denn — so heisst es (157 f.):

Non legis iussu lectum venistis in unum:
fungitur in vobis munere legis amor.

Es kann nicht zweifelhaft sein, dass hier das Ehegebot der Lex de maritandis ordinibus gemeint ist. — An dasselbe Gesetz

---

1) Das hat der verbannte Ovid auch nicht unterlassen: Trist. II 245 ff. 303 ff.; Ex Ponto III 2, 50 ff. 69 f.

2) Dieser Gedanke begegnet öfter: Ovid. Her. 15 (16), 288; Iuvenal 10, 297 f.; Citt b. Gell. V 11.

scheint Ovid im ersten Buch gedacht zu haben, wenn er seine Anleitung für den ‚Rekruten im Liebesdienst' mit den Worten beginnt (41 f.):

Dum licet et loris passim potes ire solutis,
elige cui dicas ‚tu mihi sola places' [1]).

Die Zeit, in der man noch ungebunden umhergehen kann, d. h. nicht zu heiraten gezwungen ist, war von der Lex de maritandis vorgeschrieben [2]).

Schliesslich mögen hier noch einige Verse ihren Platz finden, die ebenfalls vor der Verbannung des Dichters (8/761) entstanden sind. Am Schlusse der Metamorphosen wird Augustus verherrlicht und dabei seiner Friedensarbeit mit folgenden Worten gedacht (XV 832 ff.):

Pace data terris animum ad civilia vertet
iura suum, legesque feret iustissimus auctor
exemploque suo mores reget [3]).

In den Fasten [4]) (II 139 ff.) vergleicht der Dichter den Romulus mit Augustus:

Tu rapis, hic castas duce se iubet esse maritas;
tu recipis luco, summovet ille nefas;
vis tibi grata fuit, florent sub Caesare leges [5]).

Die Anspielung auf die Lex de adulteriis liegt auf der Hand.

5. Unter den juristischen Schriften aus der Zeit des Augustus gewähren die Fragmente des Labeo Hinweisungen auf die Ehegesetze. In den πιθανά wird der Satz aufgestellt (fr. 209 Lenel, D. 40, 7, 42): *Si quis eundem hominem uxori legaverit*

---

1) Vgl. Tibull. IV 13, 3; Prop. II 7, 19.

2) Vgl. I. P. P. 10 f. Allerdings heisst es schon in Varros Menippischen Satiren (fr. 87 Bücheler): *properate vivere, puerae, quas sinit aetatula ludere, esse, amare et veneris tenere bigas.* Aber da das iulische Gesetz vorlag, als Ovid jene Verse schrieb, ist es unwahrscheinlich, dass ihm die allbekannte Bestimmung desselben über den Zwang zur Ehe hier nicht sollte vorgeschwebt haben.

3) Vgl. ob. S. 29, 1.

4) Die Fasten sind vor der Verbannung nur entworfen, nicht herausgegeben. Teuff. R. LG. § 249, 6.

5) Vgl. Dio 56, 5; Prop. II 6, 20 ff.

et, cum ea nupsissit, liberum esse iusserit, et ea ex lege nupserit, liber fiet is homo. Dass hier das Verbot, seiner einstmaligen Wittwe die Wiederheiratung zu untersagen, und das Gebot an diese, eine neue Ehe einzugehen, berührt wird, steht fest [1]). Zu weit geht man aber, wenn man daraus den Schluss zieht, die *πιθανά* seien nach 9/762 geschrieben [2]): beide Materien, die Unzulässigkeit der *viduitas indicta* und die Forderung der zweiten Ehe gehören schon der Lex de maritandis ordinibus an [3]). Man darf diese Schrift Labeos also nur nach 736/18 nicht nach 9/762 ansetzen. — Ferner haben wir von Labeo eine Interpretation zu einem in den Ehegesetzen vorkommenden Ausdruck (Ulp. ad l. J. et P. VII fr. 2010 L., D. 24, 3, 64, 9): *De viro heredeque eius lex tantum loquitur, de socero successoribusque soceri nihil in lege scriptum est: et hoc Labeo quasi omissum adnotat.* Ausserdem begegnet eine Bemerkung zu dem Begriff *senatoris filius* (Ulp. l. c. I fr. 1977 L., D. 1, 9, 7, 1): *etiam eum, qui post mortem patris senatoris natus sit, quasi senatoris filium esse.* Die erstere Stelle geht auf die Vorschrift, dass der Mann, welcher Dotalsklaven freigelassen hat, allen aus dieser Freilassung gezogenen Gewinn der Frau zu restituiren habe: welchem der beiden Gesetze sie angehört, ist nicht bekannt. Das zweite Citat scheint sich auf das bekannte Eheverbot zwischen Senatoren und Freigelassenen, also einen Gegenstand, den schon das iulische Gesetz behandelte, zu beziehen. Pernice hat auf Grund dieser Stellen [4]) die Vermutung ausgesprochen, Labeo habe einen Commentar zur Lex Iulia et Papia Poppaea geschrieben. Diese Behauptung ist an sich gewiss nicht unwahrscheinlich, nur sind wir auch hier nicht

---

1) Dorotheos Bas. 48, 5, 43; vgl. Cuiac. zu Pap. Quaest. 18 (D. 35, 1, 72, 4); Pernice Labeo I 39 zweifelt, ob die Stelle von Labeo herrühre oder eine Note des Paulus sei; ich glaube die Form spricht für Labeo; vgl. meinen Artikel über L. in Pauly-Wissowa R. E. Antistii N. 83.

2) So Pernice a. a. O.; Lenel Pal. I S. 531, 5 nimmt zwar richtig die Lex Iulia an, setzt diese aber in das Jahr 4/757.

3) Vgl. I.P.P. 14 f.; 13.

4) Labeo I 67. Er fügt zur Unterstützung noch andere Stellen hinzu, von denen aber keine mit einiger Sicherheit auf die Ehegesetze zu beziehen ist. Vgl. auch Krüger Quell. u. Litt. 141. 142, 12.

berechtigt, über die Lex de maritandis ordinibus hinauszugehen[1]).

Auch zu einer Stelle der Lex Iulia de adulteriis ist uns eine Interpretation Labeos erhalten bei Ulpian (ad leg.) de adult. I fr. 1941 L., D. 48, 5, 24, pr.: *Quod ait lex 'in filia adulterum deprehenderit' non otiosum videtur: voluit enim ita demum hanc potestatem patri competere si in ipsa turpitudine filiam de adulterio deprehendat: Labeo quoque id probat.* Die Möglichkeit, dass Labeo auch zu diesem Gesetz einen Commentar geschrieben hat, ist nicht ausgeschlossen.

Wenn das Recht des Vaters von drei Kindern, seine Tochter der vestalischen Priesterschaft zu entziehen aus den augustischen Ehegesetzen stammt, so würden wir auch bei Capito eine Erwähnung derselben haben; vgl. Gell. I 12, 8: *Ateius Capito scriptum reliquit neque eius legendam filiam . . . qui liberos tres haberet.* — Viel zweifelhafter ist, ob das Citat bei Ulpian ad leg. I. et P. P. III (fr. 1990 L., D. 23, 2, 29): *invitam libertam uxorem ducere patronus non potest — quod et Ateius Capito consulatu suo* (5/758) *fertur decrevisse* auf die Lex de maritandis ordinibus, speziell auf ihr Verbot der eigenmächtigen Scheidung der mit ihrem Patron verheirateten Liberta (I. P. P. 19 f.) Bezug hat.

---

1) Ich glaube das auch trotz D. 37, 14, 10 (Terent. Clem. ad l. I. et P. P. IX. fr. 22 L.) nicht. Die Regelung des patronatischen Erbrechts gehört allerdings der Lex Papia Poppaea an; und wenn es auch möglich ist, dass dies Gesetz hier eine ähnliche Beschränkung über *capitis accusatio* der Freigelassenen durch den Patron aufgestellt hatte wie das praetorische Edict (Lenel Pal. II S. 339, 2; Ed. perp. § 153), so steht doch keineswegs fest, dass Labeo den in der Rechtssprache doch häufig begegnenden Ausdruck gerade in Veranlassung der Lex Papia Poppaea interpretirt hat. M. E. ist das betreffende Fragment (112) von Lenel mit Recht für Labeos Edictscommentar in Anspruch genommen worden.

Die Lex Papia Poppaea.

Wir treten in das letzte Stadium der Gesetzgebung ein. Von den in diese Zeit fallenden Acten steht einer unbedingt fest: die Lex Papia Poppaea. Durch die vom 1 Juli bis zum Ende des Jahres 9/762 amtirenden Consuln M. Papius Mutilus und Q. Poppaeus Secundus[1]) wurden sie vor die Comitien gebracht und von diesen angenommen.

I.

Um zu weiteren Schlüssen zu gelangen, ist es nötig, die in Betracht kommenden Quellen zunächst einzeln zu prüfen.

1. Auszugehen ist von der schon (ob. S. 29) erwähnten Darstellung des Sueton (Aug. 34). Wir sahen, dass der Schriftsteller von zwei Revisionen der Lex de maritandis ordinibus berichtet, einer generellen und einer speziellen, nur einzelne Punkte abändernden. Ueber letztere ist das nötige gesagt (S. 37 f.): hier handelt es sich lediglich um die erstere. Die in Betracht kommenden Worte lauten: *Hanc cum aliquanto severius quam ceteras emendasset, prae tumultu recusantium perferre non potuit, nisi adempta demum lenitave parte poenarum et vacatione triennii data auctisque praemiis.* Sueton kennt also drei Stufen der Gesetzgebung:

die am Schlusse des vorigen Satzes erwähnte Lex Iulia de maritandis ordinibus,

eine dies Gesetz verschärfende Revision: sie soll im Folgenden kurz als das verschärfte Gesetz bezeichnet werden. Schwierigkeiten könnten nur die Worte *quam ceteras* machen. Es ist fraglich, ob auch die übrigen von Sueton genannten Gesetze eine Umgestaltung erfahren haben. Von strengeren

---

1) Die capitolinischen Fasten sind für dieses Jahr vollständig erhalten (C. I. L. I S. 442): *Ex K. Iul. M. Papius M. f. N. n. Mutilus, Q. Poppaeus Q. f. Q. n. Sicund(us).*

Bestimmungen gegen Ambitus erfahren wir im Jahre 746/8 [1]), auch eine Verschärfung der Bestimmungen über den Aufwand ist möglich [2]); von der Lex de adulteriis ist nichts derartiges bekannt. Indessen ist es nicht einmal notwendig, die fraglichen Worte mit *quam ceterae emendatae erant* zu erklären: auch die Auslegung: *quam ceterae latae erant* wäre sprachlich zulässig. Vielleicht haben wir es auch blos mit der Glosse eines Abschreibers, der den Comparativ *severius* missverstanden hat, zu tun. Jedenfalls ist der Sinn klar: Sueton spricht von einem zweiten, die Lex de maritandis ordinibus verschärfenden Gesetz [3]), und von diesem sagt er, Augustus habe es nicht durchbringen können [4]).

Schliesslich kennt unser Autor ein drittes Gesetz, welches die Strafen jenes zweiten teils beseitigte, teils erleichterte, die Belohnungen vermehrte und eine dreijährige Frist [5]) gewährte. Dieses gemilderte Gesetz ist zur Geltung gelangt, also vom Volke angenommen worden. Ob diese Annahme gleich nach jenem Misserfolg oder erst einige Zeit später geschah, wird nicht gesagt, doch dürfte das letztere wegen des Ausdruckes *demum* die Meinung Suetons sein [6]), so dass zu interpretiren

---

1) Dio 55, 5. Auch Tacitus XV 20 spricht von *ambitus Iuliae leges*; ob aber der Ausdruck genau zu nehmen ist, muss zweifelhaft bleiben (vgl. oben S. 8, 2): kurz vorher ist von der *Cincia rogatio,* gleich nachher aber von *Calpurnia scita* die Rede.

2) Gellius (II 24) führt nach der Erwähnung der Lex Iulia sumptuaria fort (14): *Esse etiam dicit Capito Ateius edictum divine Augusti an Tiberii Caesaris non satis commemini* etc. Vgl. übrigens auch ob. S. 30, 1.

3) Das *retractare*, von dem Sueton im Anfang des Capitels redet, darf nicht mit dem *severius emendare* gleichgestellt werden (so Karlowa R. RG. I 618, 1). Es soll damit nichts gesagt sein, als dass die Materien einzelner Gesetze (Lex de ambitu, sumptuaria) schon früher behandelt waren und von Augustus nur umgestaltet wurden, andere (Lex de mar. ord., de adulteriis) neu waren. Das geht auch aus den parallelen Stellen bei Velleius und Aurel. Vict. ep. (S. 29, 4) hervor.

4) Wie der Vorgang im einzelnen zu denken ist, kann erst später (S. 62) besprochen werden.

5) Ueber deren Bedeutung wird unten (S. 57 ff.) die Rede sein.

6) Man vergleiche hiermit Suet. Aug. 31: *pontificatum maximum, quem nunquam vivo Lepido auferre sustinuerat, mortuo demum suscepit,* wo unter

wäre: Augustus konnte das Gesetz nicht durchbringen, bis er schliesslich die Ermässigungen eintreten liess.

An den Erlass des Gesetzes knüpft Sueton noch folgende Erzählung an: *Sic quoque* (d. h. trotz der Milderungen) *abolitionem eius publico spectaculo pertinaciter postulante equite accitos Germanici liberos receptosque partim ad se partim in patris gremium ostentavit manu vultuque significans, ne gravarentur imitari iuvenis exemplum.* Anwesend war bei dieser Scene ausser dem Kaiser selbst zunächst Germanicus. Er war von 7/760 bis 9/762 neben Tiberius mit der Führung des dalmatisch-pannonischen Krieges beauftragt [1]). Von seiner Rückkehr nach Rom erfahren wir erst im Spätsommer oder Herbst 9/762; indessen ist nicht ausgeschlossen, dass er auch vorher schon einmal heimgekehrt ist [2]): aber jedenfalls war er im Frühjahr 9/762, als Tiberius nach Rom kam, in Illyrien zurückgeblieben [3]). Von einer Entfernung des Germanicus ist dann erst wieder im Jahre 11/764, als er mit Tiberius an den Rhein zog [4]), die Rede; vielleicht hat er aber auch den Feldzug des vorhergehenden Jahres schon mitgemacht [5]). Während des Jahres 12/765 führte er das Consulat und erst nach dessen Ablauf übernahm er wieder das Commando gegen die Ger-

---

demum dasselbe verstanden ist, was im Mon. Anc. 2, 25, das hier die Quelle Suetons gewesen zu sein scheint (vgl. Mommsen z. d. St.), mit den Worten *aliquod post annos* ausgedrückt wird.

1) Vgl. Dio 55, 30 ff. — Velleius, welcher den Krieg, an dem er selbst teil nahm, schildert (II 110 ff.), erwähnt den Germanicus nur nebenbei (116), wol um den Tiberius um so mehr in den Vordergrund treten zu lassen. Ohne Frage gebührt auch dem letzteren das grössere Verdienst.

2) Dio 56, 17: *Ἀπήγγειλε δὲ καὶ τότε τὴν νίκην ὁ Γερμανικός.* Der entscheidende Sieg (über Bato) war am 3. August 9/762 erfochten (C.I.L I S. 328. 398). Nicht allzu lange nachher wird Germanicus als offizieller Siegesbote nach Rom abgegangen sein. Das *καὶ τότε* lässt es möglich erscheinen, dass auch schon einer der früheren Erfolge von Germanicus nach Rom gemeldet wurde.

3) Dio 56, 11.

4) Dio 56, 25.

5) Ueberliefert ist das nicht, aber im Codex Venetus des Dio fehlt an der entscheidenden Stelle (56, 24) ein Blatt.

manen [1]). Ferner setzt die Erzählung Suetons eine Anzahl von Kindern des Germanicus voraus. Deren gab es im ganzen neun [2]), von denen hier folgende in Betracht kommen könnten: 1) Nero, geboren 6/759; 2) Drusus, geboren Ende 7/760 oder Anfang 8/761; 3) Tiberius, 4) ein Sohn unbekannten Namens, beide in den Jahren 8/761 bis 10/763 geboren; 5) der ältere Gaius, geboren 11/764; 6) der jüngere Gaius, geboren am 31. August 12/765. Hiernach muss die von Sueton erwähnte Episode nach 9/762 fallen, denn bis zum Ende dieses Jahres waren nur zwei, höchstens drei [3]) Kinder des Germanicus vorhanden, die ins Theater herbeigeholt werden konnten: sie setzt aber gewiss eine grössere Anzahl derselben voraus. Da nun die Petition sich nur auf das letzte vor ihr ergangene Gesetz beziehen kann, so folgt daraus, dass das mit Modificationen durchgebrachte Gesetz, dessen Aufhebung der Ritter forderte, das papisch-poppaeische sein muss.

2. Dio beginnt seine Schilderungen des ereignisreichen Jahres 9/752 mit der Rückkehr des Tiberius vom illyrischen Kriegsschauplatz im Anfang des Frühlings. Der Kaiser liess zu Ehren seiner Siege durch die Consuln Festspiele veranstalten. Bei dieser Gelegenheit forderten die Ritter die Aufhebung des Gesetzes über die Unverheirateten und Kinderlosen: *τὸν νόμον τὸν περὶ τῶν μήτε γαμούντων μήτε τεκνούντων καταλυθῆναι.* Dass der Vorgang so, wie er hier erzählt wird, nicht mit dem von Sueton dargestellten identisch sein kann, folgt schon daraus, dass Germanicus damals gar nicht in Rom war (S. 51). Andrerseits liegt auch kein genügender Grund vor, dem Dio hier eine Ungenauigkeit vorzuwerfen und anzunehmen, er habe eine Scene, die sich erst nach dem Erlass der Lex Papia Poppaea abgespielt hat, vor demselben berichtet. Es ist kaum glaublich, dass er dann die Pointe jener Geschichte, den Hinweis auf den Kindersegen des Germanicus, weggelassen haben würde. Und warum sollte sich ein solcher Protest nicht wieder-

---

1) Suet. Gai. 8.

2) Das Folgende nach Mommsen Hermes XIII 245 ff.

3) Das dritte war damals höchstens einjährig.

holt haben? was man das erste Mal nicht durchgesetzt hatte, mochte das zweite Mal gelingen [1]).

Augustus versammelte darauf — so fährt Dio fort — die Römer auf dem Markte und hielt ihnen dort eine Rede, die ausführlich wiedergegeben wird (56, 2—9). Wir wissen zwar, dass der Kaiser seine Reden schriftlich abzufassen und vorzulesen pflegte [2]). Dennoch haben wir es hier nicht mit einer echten, wenn auch gekürzten Rede des Augustus zu tun, sondern mit einem jener rhetorischen Prunkstücke, wie sie die antiken Historiker und namentlich auch Dio ihren Werken beizugeben pflegten [3]). Denn bis auf wenige Sätze bewegt sie sich in Gemeinplätzen, nur im siebenten Capitel werden einmal kurz die actuellen Fragen berührt und auch hier in ungeschickter Weise [4]). Es soll nicht bestritten werden, dass die Rede manchen Gedanken enthält, den Augustus bei einer solchen Gelegenheit ausgesprochen haben könnte, auch scheint für manche Partien eine gute Ueberlieferung zu Grunde zu liegen [5]), aber im ganzen haben wir Dio, nicht Augustus vor uns.

Es folgt nun zunächst bei Dio (56, 10) eine Reihe von einzelnen Concessionen des Augustus und darauf der Erlass der Lex Papia Poppaea: ***κὰκ τούτου ὅ τε Πάπιος καὶ ὁ Ποππαῖος νόμος ὑπό τε Μάκρου Παπίου Μουτίλου καὶ ὑπὸ Κυίντου Ποππαίου Σεκούνδου, τῶν τότε ἐν μέρει τοῦ ἔτους***

1) Die blosse äussere Aehnlichkeit berechtigt m. E. nicht zu jener Confundirung. Dass es beide Male die Ritter sind, erklärt sich daraus, dass natürlich die jeunesse dorée am unangenehmsten durch das Gesetz berührt ward. Das Theater war damals recht eigentlich der Ort, wo man derartige Beschwerden anbrachte; vgl. Friedländer SG. II[6] 298 ff.

2) Suet. Aug. 84; vgl. 89; Dio 53, 2. 11.

3) Es ist auch nicht unmöglich, dass die Rede in einer Rhetorenschule als Muster oder Übungsstück des *γένος συμβουλευτικόν* entstanden und von Dio in seine Geschichte übernommen ist.

4) Das gilt sowohl von dem Satze *καίτοι καὶ μνηστεύειν* etc. wie von dem *καὶ οὐδὲ ἐς ταῦτα μέντοι κατήπειξα ὑμας.* Näheres unten S. 57.

5) Die Fristen im Cap. 7 können nicht erfunden sein; vgl. S. 59. Auch der Hinweis auf die von den Freilassungen und Fremden drohende Gefahr (ebd.) sieht ganz nach einem zu Augustus Zeit gebrauchten Argument für die Ehegesetze aus; vgl. Suet. Aug. 40. Ebenso vielleicht der Raub der Sabinerinnen (Cap. 5; vgl. ob. S. 56).

ὑπατευόντων ἐθέτησαν. Natürlich kann das nur so verstanden werden, dass die vorerwähnten Bestimmungen Bestandteile des Gesetzes wurden, und in der Tat lassen sie sich grösstenteils als solche nachweisen:

τοῖς μὲν τὰ τέκνα ἔχουσι τὰ γέρα προςεπηύξησε. Schon die früheren Gesetze hatten Belohnungen für die Väter und Mütter ausgesetzt (S. 31, 3), die Lex Papia Poppaea fügte die *patrum caducorum vindicatio* hinzu (I. P. P. 49 f.).

τοὺς δὲ γεγαμηκότας ἀπὸ τῶν ἀγύνων τῷ τῶν ἐπιτιμίων διαφόρῳ διεχώρισε. Einen Unterschied zwischen den Strafen der Ehelosen und der Verheirateten aber Kinderlosen kannte die Lex Papia Poppaea in so fern, als sie für die ersteren die volle Incapacität der Lex de maritandis ordinibus fortbestehen liess, die letzteren dagegen auf die Hälfte für erwerbsunfähig erklärte (I. P. P. 30 f.). Man kann dagegen nicht einwenden, dass Dio von den Kinderlosen (*orbi*) nicht rede: *γεγαμηκότες* kann hier keine andere Bedeutung haben, denn die Verheirateten, welche Kinder hatten, waren überhaupt nicht von Strafen betroffen [1]).

καὶ ἐνιαυτὸν ἑκατέροις ἐς τὸ τοὺς πειθαρχήσαντάς οἱ ἐν τῷ χρόνῳ τούτῳ ἀναιτίους γενέσθαι προςεπέδωκε. Unter den *ἑκάτεροι* können nur die vorher genannten *γεγαμηκότες* und *ἄγυνοι* verstanden werden. Augustus gewährte ihnen also eine einjährige Frist, um den Anforderungen des Gesetzes gerecht zu werden. Diese Concession ist anderweit nicht bekannt. Vgl. S. 59, 2.

τῶν τε γυναικῶν τισι καὶ παρὰ τὸ Οὐοκώνειον νόμον, καθ' ὃν οὐδεμιᾷ αὐτῶν οὐδενὸς ὑπὲρ δύο ἥμισυ μυριάδας οὐσίας κληρονομεῖν ἐξῆν, συνεχώρησε τοῦτο ποιεῖν. Die Lex Voconia verbot demjenigen, der zur ersten Censusclasse gehörte, eine Frau zur Erbin einzusetzen: die Lex Papia Poppaea gewährte zwischen Mann und Frau unter bestimmten Voraussetzungen die sogenannte *libera testamenti factio* (I. P. P. 27 ff.).

---

1) Meine frühere Ansicht (I. P. P. 42 f.), dass der Satz auf die *Lex decimaria* zu beziehen sei, ist falsch: *γεγαμηκότες* bezeichnet nicht diejenigen, welche verheiratet gewesen sind (die Wittwer), sondern diejenigen, welche geheiratet haben (die Ehemänner); vgl. Xenoph. Symp. 9, 7. Näheres s. unten S. 56.

καὶ ταῖς ἀειπαρθένοις πάνθ' ὅσαπερ αἱ τεκοῦσαι εἶχον ἐχαρίσατο. Die Verleihung des Ius liberorum an die Vestalinnen wird nur hier auf die Lex Papia Poppaea zurückgeführt (I. P. P. 32).

II.

Wenn man die Berichte des Dio und Sueton mit einander vergleicht, so ergiebt sich auf den ersten Blick, dass das gemilderte Gesetz, von welchem letzterer spricht, dasselbe ist, welches uns Dio als Lex Papia Poppaea bezeichnet. Die Ermässigung der Strafen und die Erhöhung der Belohnungen, welche Sueton im allgemeinen erwähnt, werden von Dio im einzelnen angeführt: und so wird das Gesetz angenommen, das ist der Kern beider Erzählungen. Unser obiges aus Sueton allein gewonnenes Resultat (S. 52) findet also hier seine Bestätigung.

1. Dagegen spricht Dio nicht von der Verschärfung der Lex de maritandis ordinibus. Der Grund ist wol derselbe, um dessen willen er auch das Gesetz von 726/28 nicht erwähnt hat (S. 18): es handelt sich auch hier um ein Gesetz, das keinen dauernden Bestand gehabt hat, dessen wichtigste Bestimmungen nachher von der Lex Papia Poppaea übernommen sind. Und doch ist hier wie dort Dio bei der Bearbeitung seiner Quelle nicht so sorgfältig zu Werke gegangen, dass er alle Spuren des Gesetzes verwischt hätte. Die eine findet sich in der Erzählung von dem Versuch der Ritter, das ‚Gesetz über die Unverheirateten und Kinderlosen' zu beseitigen. Sie fordern seine Aufhebung[1]: τὸν νόμον τὸν περί τῶν μήτε γαμούντων μήτε τεκνούντων καταλυθῆναι. Damit kann nicht die Lex de maritandis ordinibus gemeint sein, da diese wol Vorteile für Väter und Mütter, Strafen aber nur für die *caelibes* aufgestellt hat. Die Orbitätsstrafen werden von den Juristen stets auf die Lex Papia Poppaea zurückgeführt[2]. Da sie hier schon vorher erwähnt werden, müssen sie einem zwischen 736/18 und 9/762 liegenden Gesetz ihren Ursprung verdanken und

1) Dio 56, 1; vgl. ob. S. 52.

2) I. P. P. 29 ff.

aus diesem in die Lex Papia Poppaea übergegangen sein [1]). — Einen ähnlichen Schluss gestattet Dios Erzählung (56, 10) über das Zustandekommen der Lex Papia Poppaea. Was dort angeführt wird, stellt sich alles als Concession des Augustus dar (S. 53 f.): nun steht aber nach allem, was wir über den Inhalt der Gesetze wissen, fest, dass die Lex Papia Poppaea viel einschneidendere und härtere Bestimmungen hatte als die Lex de maritandis ordinibus [2]). Daraus folgt, dass zwischen diesen beiden Gesetzen ein drittes liegen muss, welches diese Verschärfungen einführte und auf das sich jene Zugeständnisse des Augustus bezogen. Noch deutlicher tritt das hervor, wenn wir den schon erwähnten Satz (S. 54): *τοὺς δὲ γεγαμηκότας ἀπὸ τῶν ἀγύνων τῷ τῶν ἐπιτιμίων διαφόρῳ διεχώρισε* näher betrachten. Er drückt, wie wir sahen, die bekannte Regel *caelebs nihil, orbus dimidium capit* aus. Wenn Augustus einen Unterschied zwischen den Strafen der Unverheirateten und (kinderlosen) Verheirateten machte, so muss ein Gesetz vorhergegangen sein, welches beide unter die gleiche Strafe gestellt hat. Das kann nun, da es sich um Orbitätsstrafen handelt,

1) Der Ausdruck Dios (56, 1) ist durchaus genau zu nehmen; wo wir seinen Sprachgebrauch hinsichtlich der Ehegesetze controliren können, erweist er sich als zutreffend. So kennt Dio in der Lex de mar. ord. (54, 16) Strafen nur für die *caelibes* (*ἄγαμοι* und *ἄνανδροι*), Belohnungen auch für *παιδοποιία*. Sachgemäss unterscheidet er zwischen Capacität (*λαμβάνειν* 55, 2) und *testamenti factio* (*κληρονομεῖν* 56, 10; *καταλιπεῖν δυνηθῆναι* 56, 32), zwischen *τιμαὶ γεγαμηκότων* (54, 16) und *τιμαὶ γεγεννηκότων* (55, 2), zwischen *γεγαμηκότες* und *ἄγυνοι* (56, 10). Seine Fehler sind, was die Ehegesetze angeht, nicht als eigentliche Verkehrtheiten aufzufassen, sondern regelmässig daraus zu erklären, dass er die ihm vorliegende Quelle ungeschickt kürzt und zusammenzieht.

2) Vor allem die Orbitätsstrafen (I. P. P. 30 f.) und was damit zusammenhängt (vgl. ebd. 10 ff.), ferner die Bestimmungen über die Deficienz (ebd. 29. 31 f.), über die *ereptoria* (ebd. 51 f.), die hohen Praemien der Delatoren (ebd. 52 f.). — Auch Tacitus (Ann. III 25) sagt, Augustus habe die Lex Papia Poppaea erlassen *incitandis caelibum poenis et augendo aerario*. Letzteres geschah durch die Vermehrung der *caduca*, die *ereptoria* und *vacantia*. Ersteres ist allerdings nach unseren sonstigen Quellen ungenau: die Caelibatsstrafen konnten an sich nicht verschärft werden, da sie von Anfang an in völliger Incapacität bestanden, wahrscheinlich schwebten dem Tacitus die Orbitätsstrafen vor.

wieder nicht die Lex de maritandis ordinibus gewesen sein. Wir werden vielmehr auch hier zu der Annahme gedrängt, dass ein zwischen ihr und der Lex Papia Poppaea ergangenes Gesetz die *orbi* für ebenso *incapaces* erklärt hat, wie es die *caelibes* schon seit 736/18 waren.

2. Ein wesentlicher Unterschied zwischen den Berichten Dios und Suetons besteht hinsichtlich der von Augustus gewährten Fristen. Letzterer führt zugleich mit den Ermässigungen der Strafen und Erhöhungen der Belohnungen eine *vacatio triennii* an, die sich seiner Angabe nach also auf die Lex Papia Poppaea bezog (S. 54) und deren Geltungsbeginn um drei Jahre hinausschob; ersterer kennt in diesem Gesetz nur eine einjährige Vacation für die *caelibes* und *orbi* (S. 54)[1]. Beide Erzählungen können neben einander nicht bestehen: die dreijährige Suspension hätte die einjährige notwendig eingeschlossen. Aber auch Dio erwähnt eine dreijährige Befristung und als deren Verlängerung noch eine zweijährige, nur dass sie an einer andern Stelle auftreten. In der Rede, die er den Kaiser vor der papisch-poppaeischen Rogation halten lässt, heisst es (56, 7): *καὶ οὐδὲ ἐς ταῦτα μέντοι κατήπειξα ὑμᾶς, ἀλλὰ τὸ μὲν πρῶτον τρία ἔτη ὅλα πρὸς παρασκευὴν ὑμῖν ἔδωκα, τὸ δὲ δεύτερον δύο. ἀλλ' οὐδὲν οὐδ' οὕτως οὔτ' ἀπειλῶν οὔτε προτρέπων οὔτ' ἀναβαλλόμενος οὔτε δεόμενος πεποίηκα.* Die Anknüpfung dieser Worte ist eine recht unglückliche. Der Kaiser gedenkt vorher seiner im Jahre 736/18 gemachten Concessionen: der Gestattung des Verlöbnisses mit Unerwachsenen[2]), der Erlaubnis der Ehe zwischen Ingenuus und Liberta: ‚und auch hierzu drängte ich euch nicht, sondern gab euch erst drei,

---

1) Alle anderen Bestimmungen der Lex Papia Poppaea (z. B. über Deficienz I. P. P. 46 f., Ereptoria ebd. 51 f., Capacitas inter virum et uxorem ebd. 35 ff., patronatisches Erbrecht ebd. 53 f., Geschlechtsvormundschaft ebd. 26) konnten also nach Dio sofort in Kraft treten.

2) Hier ist der Gedanke völlig schief herausgekommen. Augustus gab den Verlobten die Iura maritorum, infolge dessen verlobte man sich mit Kindern: diesem Unwesen trat Augustus entgegen (S. 37 f.). Das drückt Dio so aus: ich erlaubte euch die Verlobung mit unerwachsenen Mädchen, damit ihr den Namen von zukünftigen Ehemännern führen und ein häusliches Leben beginnen solltet.

dann zwei Jahre Zeit zur Vorbereitung'. Dem Kaiser lag gewiss nichts daran, Verlobungen mit Unmündigen und Verheiratungen mit Freigelassenen herbeizuführen [1]). Aber selbst wenn man die Worte nicht so genau nehmen will, wenn man meint, der Kaiser sage nichts weiter als: ,ich habe euch zur Befolgung der Lex de maritandis ordinibus drei und zwei Jahre Zeit gelassen' [2]), so ist das unmöglich. Denn einmal kann dies Gesetz nicht von einer solchen Vacation begleitet gewesen sein, weil wir es ein Jahr nach seinem Erlass in einer offiziellen Inschrift als geltendes Recht erwähnt finden (S. 31 f.). Sodann wäre es ein Unding, wenn Augustus im Jahre 9/762 sagen wollte: vor sechs und zwanzig Jahren habe ich euch drei und zwei Jahre Zeit zum Heiraten gegeben, aber auch so habe ich nichts erreicht. Die Worte sind unmittelbar an das vor ihm stehende Publicum gerichtet und von diesem bestand der jetzt heiratsfähige Teil damals zumeist aus Kindern; diejenigen aber, denen damals die Fristen bewilligt sein sollten, waren jetzt über das Alter, von dem das Gesetz die Ehe forderte, hinaus. Die Fristen können nur auf die unmittelbare Vergangenheit bezogen werden.

Dass diese Fristen des Dio dieselbe Bedeutung haben, wie die von Sueton erwähnte, kann nicht bezweifelt werden: in beiden Fällen ist es das Gesetz als solches, welches suspendirt wird. Auch dass Sueton die Verlängerung nicht erwähnte, erklärt sich leicht, denn in das Gesetz selbst — gleichviel welches es

---

1) Die Einschränkung und Zurückdrängung des Libertinenelements gehört zu den Grundzügen der sozialen Pläne des Augustus, was auch in demselben Capitel (7) zum Ausdruck kommt.

2) So Wenck und seine Anhänger (ob. S. 1 f., 1). Neuerdings hat Marx (ebd., vor ihm schon Gitzler 17 f.) behauptet, die Fristen müssten sich auf verschiedene Gesetze beziehen, und zwar die dreijährige auf das Gesetz von 726/28, die zweijährige auf das von 736/18; damit ist aber ebenfalls die Geltung der Lex de mar. ord. im Jahre 737/17 in Abrede gestellt. Ich sehe nicht ein, warum nicht zwei aufeinander folgende Fristen gemeint sein sollten. Augustus sagt: ,ich habe euch das erste Mal (4/757) drei und das zweite Mal (7/760) zwei Jahre bewilligt.' Marx meint zwar, Augustus würde dann von fünf Jahren gesprochen haben, um seine Woltat grösser erscheinen zu lassen. Im Gegenteil: die zweimalige Concession stellt ein grösseres Entgegenkommen dar, als die einmalige mit längerer Frist.

war — hatte jedenfalls nur die erste Vacation Aufnahme gefunden. Um so schwerer fällt es ins Gewicht, dass beide Autoren sie verschieden ansetzen: nach Sueton wird die verbindliche Kraft der Lex Papia Poppaea [1]) suspendirt, nach Dio die eines andern Gesetzes, das jedenfalls vor dem papisch-poppaeischen liegen muss, andrerseits aber auch nicht die Lex de maritandis ordinibus sein kann. Zunächst liegt kein Grund zu der Annahme vor, dass Dio, oder wer sonst die ‚Rede des Augustus' verfasst hat, die beiden Fristen einfach aus der Luft gegriffen hat, so unpassend sie auch mit dem Vorhergehenden verbunden sind; wie sollte er auch gerade zu dieser Erfindung kommen? Ebenso wenig ist an eine Verschiebung zu denken, so dass er eine Bestimmung, die in die Lex Papia Poppaea gehörte, vorweg genommen hätte; er selbst kennt ja eine andere in diesem Gesetz bewilligte Vacation. Da nun einerseits die Rede selbst fordert, die Fristen in die Zeit kurz vor 9/762 zu verlegen (S. 58) und andrerseits bei Dio eine Anzahl von Spuren auf ein zwischen der Lex de maritandis ordinibus und der Lex Papia Poppaea ergangenes Gesetz — das verschärfte von dem Sueton spricht —, schliessen lässt [2]), so wird man auch kein Bedenken tragen, den Ursprung der Vacationen in diesem mittleren Gesetz zu suchen. Und damit ist deren Beginn auf 4/757 fixirt [3]).

Die erste Frist reichte also bis 7/760. Dass aber Augustus sich in diesem Jahre zu einer Verlängerung derselben bis 9/762 verstand, findet seine Erklärung in den äusseren und inneren Verhältnissen dieser Zeit, welche den Augustus zum Nachgeben bewegen mussten. Seit 6/759 war der gefährliche dalmatisch-pannonische Krieg ausgebrochen, Augustus hatte das äusserst missliebige Aerarium militare angelegt, hatte eine Erbschaftssteuer und eine Abgabe von dem Verkäufen der Sklaven ein-

---

1) Das ist das unter Milderungen angenommene Gesetz (S. 50).

2) Auch *προςεπέδωκε* bei Dio 56, 10 deutet auf dieses Gesetz, speziell auf seine Fristen hin.

3) Dass ein Act der Gesetzgebung in dies Jahr fällt, hat schon Heineccius gesehen; nur ist es natürlich verfehlt, wenn er die Lex de mar. ord. erst mit diesem Jahr Gesetzeskraft gewinnen lässt. Ueber Karlowa s. unten S. 61, 2.

geführt. Von 4/757 bis 7/760 erfahren wir beständig von Teuerungen, Feuersbrünsten in der Stadt, Plünderungen der der Seeräuber an den italischen Küsten; in manchen Landstädten brach die Flamme des Aufruhrs offen hervor. Man begreift es, was Dio (55, 31 zum Jahre 7/760) bemerkt: *ἐπειδὴ δὲ τὸ πλῆθος ἄλλως τε καὶ διὰ τοὺς πολέμους τόν τε λιμὸν, ὃς καὶ τότε αὖθις συνέβη, δεινῶς ἐταράττετο, ... πάνθ' ὅσα παραμυθήσεσθαι τὸν ὅμιλον ἤμελλεν ὡς καὶ ἀναγκαῖα ἔπραττε.* Es ist wol möglich, dass auch die Gewährung der zweiten Vacation zu diesen Beruhigungsmitteln gehörte.

So erhalten auch die Vorgänge des Jahres 9/762 ihr rechtes Licht: die Ritter verlangen nicht die Aufhebung der vor sechs und zwanzig Jahren erlassenen Lex Iulia, sondern eines neuen strengeren Gesetzes, das durch den Ablauf der zweiten Frist zum geltenden Recht zu werden drohte. Wie es im Jahre 4/757 gelungen war, dem Kaiser eine zeitweilige Suspension abzutrotzen, und später eine Verlängerung derselben durchzusetzen, so mochte man auch jetzt etwas ähnliches oder gar eine gänzliche Beseitigung erhoffen, und erreichte wenigstens wesentliche Abänderungen des Gesetzes.

Mit diesen Ergebnissen lässt sich Suetons Bericht unschwer vereinigen: die zeitlich aus einander fallenden Ereignisse, die Fristgewährung (4/757) und die Milderungen (9/762) werden hier zusammengezogen, was, da sie sich auf dasselbe Gesetz beziehen, leicht erklärlich ist.

III.

Es fragt sich nun noch, in welchem Verhältnisse die verschiedenen Gesetze zu einander standen, ob sie einander derogatorisch oder suppletorisch gegenüber traten. Für die Lex de maritandis ordinibus und Lex Papia Poppaea kann darüber kein Zweifel herrschen: beide Gesetze werden von den späteren Juristen stets als geltendes Recht neben einander behandelt: das spätere Gesetz hat also die Bestimmungen des früheren nur aufgehoben, soweit sie den seinigen widersprachen, im übrigen aber — und das ist die Hauptsache — war es zu seiner Ergänzung bestimmt [1]). — Das Gesetz von 4 757 ist, wenn unsere bisherige Darstellung richtig ist, die Vorläuferin der Lex Papia Poppaea gewesen und in sie aufgegangen. Damit ist dann aber auch gesagt, dass das Gesetz von 4/757 zur Lex de maritandis ordinibus in dem gleichen Verhältnis stand, wie die Lex Papia Poppaea. Der suetonische Bericht könnte allerdings den Eindruck erwecken, als ob immer der spätere gesetzgeberische Act den früheren aufgehoben hätte. Indessen lässt doch der Ausdruck *severius emendare* auch die Auslegung zu, dass ein neues strengeres Gesetz neben das ältere gestellt sei. Und wenn das nicht die Meinung dieses Schriftstellers gewesen sein sollte, so würden wir volles Recht haben, seine Auffassung für falsch zu erklären. Denn offenbar kann das ‚emendirte' Gesetz nach seinem Bericht keine andere Wirkung gehabt haben als das angenommene, erklärt er doch das letztere nur für eine abgeschwächte Form des ersteren: er würde also beiden derogatorische Kraft zuschreiben. Das angenommene Gesetz kann nun wegen der darauf folgenden Scene im Theater nur die Lex Papia Poppaea gewesen sein (S. 52), und nichts ist sicherer, als dass diese neben der Lex de maritandis ordinibus gegolten hat [2]).

---

1) S. darüber I. P P. 5 ff.

2) Derogatorische Wirkung schreibt dem Gesetz von 4/757 zu Karlowa R. RG. I 618: dieser zweiten Lex Iulia (die seiner Ansicht nach also die von den Juristen commentirte Lex Iulia de mar. ord. ist) gehe der verunglückte Versuch, von dem Sueton berichtet, voraus, sie sei das mit Milderungen und unter einer Vacation zu stande gekommene Gesetz. Die Lex Papia Poppaea würde danach bei Sueton nicht erwähnt sein (K. bezeichnet sie als Anhangsgesetz). Da aber der Vorgang im Theater nach 9/762 fallen muss und sich nur auf das letzte vor ihm erlassene Gesetz beziehen kann, so muss das gemilderte Gesetz, auf welches Sueton mit *sic quoque* hinweist, die Lex Papia Poppaea gewesen sein. Abgesehen davon und von dem im Text Gesagten, weise ich noch auf Folgendes hin: 1) die Ermässigungen der Strafen und Erhöhungen der Belohnungen führt uns Dio einzeln (wenn auch vielleicht unvollständig), aber erst zum Jahr 9/762 an. 2) Dio kennt Orbitätsstrafen bereits vor der Lex Papia Poppaea (56, 1, vgl. ob. S. 55; auch 56, 10 werden sie als schon bestehend vorausgesetzt, vgl. ob. S. 56); diese sind aber sicherlich der Lex de mar. ord. noch fremd gewesen, werden vielmehr von den Quellen einmütig auf die

IV.

Vergegenwärtigen wir uns schliesslich den Hergang, wie er sich aus dem Vorhergehenden ergiebt. Augustus brachte einen neuen Gesetzentwurf ein, welcher sich der Lex de maritandis ordinibus gegenüber als eine bedeutende Verschärfung darstellte. Das Wesen dieser Verschärfung, von der uns Sueton berichtet, können wir aus Dio dahin erschliessen, dass die völlige Incapacität der Ehelosen auf die Kinderlosen ausgedehnt wurde. Der Entwurf stiess auf allgemeine Abneigung, und als der Kaiser ihn zur Abstimmung stellen wollte, ‚konnte er ihn vor dem Lärm der widerstreitenden Bürger nicht durchbringen'. Darauf fand im Jahre 4/757 die Bewilligung einer dreijährigen Frist statt. Wie das staatsrechtlich zu denken ist, bleibt zweifelhaft. Unmöglich ist, dass Augustus sofort die Vacation einfügte, denn der promulgirte Entwurf war für den Magistrat unabänderlich [1]), und es ist nicht anzunehmen, dass Augustus gegen diesen Grundsatz verstossen habe. Zur Abstimmung das heisst Ablehnung ist es nach den Worten Suetons nicht gekommen. Augustus muss also den Entwurf zurückgezogen haben. Denkbar wäre nun, dass er lediglich durch ein Edict verkündet hätte, er wolle den Bürgern drei Jahre Zeit zur Vorbereitung gewähren. Dem widerspricht aber, dass bei der von Dio (56, 1) erzählten Demonstration vor der Lex Papia Poppaea die Ritter forderten τὸν νόμον καταλυθῆναι: das deutet auf ein erlassenes Gesetz hin [2]). So bleibt nur die Annahme übrig, dass Augustus den zurückgezogenen Entwurf

---

Lex Papia Poppaea zurückgeführt (I. P. P. 30 f.); sie können also nicht dem Gesetz, das neben dieser stand, sondern nur einem, das in sie aufgegangen ist, ihren Ursprung verdanken. 3) Aus Tacitus (Ann. III 25) kann nichts für diese Frage geschlossen werden: wenn der Ausdruck überhaupt genau zu nehmen ist (S. 8, 2), so müssen, da hier von der *lex Papia Poppaea quam senior Augustus post Iulias rogationes* die Rede ist, unter den letzteren die Gesetze von 726/28 und 736/18 verstanden werden.

1) Mommsen StR. III 371.

2) Auch der Ausdruck *vacatio* könnte schwerlich diesen Sinn haben: er bedeutet Befreiung von einem bestehenden Gesetz, nicht Hinausschieben eines zu erlassenden Gesetzes.

unter Einfügung der Vacation von neuem einbrachte und nun — vielleicht unter Anwendung von mancherlei Pressionsmitteln — einen zustimmenden Volksbeschluss erlangte. Als darauf die Frist im Jahre 7/760 verstrichen war, liess er sie auf zwei weitere Jahre verlängern. Nun hatte er es allerdings in der Hand, den Geltungsbeginn des Gesetzes durch das Ablaufen Lassen der Vacation herbeizuführen, aber der Widerspruch des Volkes, der sich in lauter Opposition kund gab, bestimmte ihn zu weiterem Nachgeben. Eine Vertagung bewilligte er allerdings nicht mehr, sie wäre in der Tat einem Aufgeben gleichgekommen. Vielmehr entschloss er sich zu einer neuen Revision, über deren Inhalt uns Sueton im allgemeinen und Dio im einzelnen — ob vollständig muss dahingestellt bleiben — unterrichten. Die hauptsächlichste Milderung bestand jedenfalls in der Beschränkung der Orbitätsstrafe auf die Incapacität zur Hälfte, die wichtigste Erhöhung der Belohnungen in der Einführung der *patrum caducorum vindicatio*. So entstand die Lex Papia Poppaea. Ein späterer Versuch, den Kaiser zur Aufhebung zu bewegen, verlief erfolglos.

V.

Zeugnisse für die Ehegesetze aus den letzten Jahren des Augustus begegnen nur selten.

1. Auf die Lex Papia Poppaea wird aller Wahrscheinlichkeit nach hingewiesen in dem Bericht des Dio (Xiph.) über Augustus Testament, das er am 3 April 13/766 errichtet hatte. In demselben setzte er den Tiberius zu zwei Dritteilen und die Livia zu einem Dritteil als Erben ein[1]). Hinsichtlich der letzteren heisst es nun (56, 32): *ἵνα γάρ τι καὶ ἐκείνη τῆς οὐσίας αὐτοῦ ἀπόνηται, παρὰ τῆς βουλῆς ᾐτήσατο τοσοῦτον αὐτῇ καὶ παρὰ τὸν νόμον καταλιπεῖν δυνηθῆναι.* Es ist schon darauf hingewiesen worden (S. 54), dass die Lex Papia Poppaea für die Ehegatten Befreiungen von dem Verbot der Lex Voconia, Frauen zu Erbinnen einzusetzen, eintreten liess (*libera testa-*

1) Sueton Aug. 101 (dort auch das Jahr und Datum); Dio 56, 32; Suet. Tib. 23.

menti factio), wenn sie gemeinsame Kinder hatten oder gehabt hatten [1]). Dieses Recht konnte, wie die meisten andern der Ehegesetze, wenn seine Voraussetzungen nicht vorhanden waren, auch vom Senat verliehen werden (*ius commune liberorum*) [2]): und das ist es, um was Augustus in seinem Testament den Senat bittet. Nun ist zuzugeben, dass Augustus auch, wenn jene Bestimmung der Lex Papia Poppaea über die *libera testamenti factio* garnicht bestanden hätte, den Senat um Dispens von dem Verbot des voconischen Gesetzes gebeten haben könnte, aber da die Lex Papia Poppaea diesen Weg geradezu vorzeichnete [3]), ist es wahrscheinlich, dass er ihn auch nicht ohne Rücksicht auf dies Gesetz betreten hat.

---

1) Vgl. I.P.P. 54 f.

2) Das Nähere s. I.P.P. 39 ff. Den Ausdruck *libera testamenti factio* braucht Ulpian 16, 1 a. Dass er sich von der *solidi capacitas* unterscheidet und nicht wie diese auf die Erwerbsfähigkeit sondern auf die Einsetzungsfähigkeit bezieht, hat zuerst Mommsen (in Böckings Ausgabe des Ulpian' S. 108) hervorgehoben. Trotzdem der Gegensatz bei Ulpian scharf hervortritt, meint neuerdings wieder Kahn (Röm. Frauen-Erbrecht S. 76 f.), die *libera testamenti factio* sei nicht strict zu interpretiren, das Wort sei vielmehr als eine nachlässige Ausdrucksweise Ulpians, welche er nur der Abwechslung halber gebraucht habe, zu erklären. Es ist wol kaum nötig Ulpian gegen diesen Vorwurf in Schutz zu nehmen; jedenfalls sind Kahns Gründe nicht beweisend. Die Titelüberschrift eines so stark epitomirten Werkes beweist garnichts. Dass Ulpian sonst in diesen Capiteln nur von der Capacität redet, schliesst nicht aus, dass er am gegebenen Punkte auch über die *testamenti factio* spricht, wenn die gesetzlichen Bestimmungen dazu Anlass boten. Dass die *solidi capacitas* begrifflich unter die *libera testamenti factio* subsumirt sei, wird nirgends gesagt. Weshalb Augustus gerade die Ehegattin und nicht andere Frauen eximirte, und weshalb sich Dio wie oben angegeben und nicht anders ausdrückte, können wir nicht wissen, haben aber deswegen kein Recht gegen unsere Quellen zu interpretiren. Ebenso ist auch die Behauptung Kahns (76), dass Livia nach der Lex decimaria auf zwei Zehnteile *capax* gewesen sei, unrichtig: da sie das *ius III liberorum* hatte (Dio 55, 2) besass sie volle Erwerbsfähigkeit. — Wenn Augustus also jetzt den Senat um Dispens für sie bat, muss es sich um etwas anderes als die Capacität gehandelt haben.

3) Wir wissen, dass der Senat durch das Gesetz ermächtigt war, das *ius III liberorum* zu verleihen (d. h. von den Voraussetzungen der Capacität zu dispensiren), wenn ‚das Schicksal es dem Petenten versagt hatte, drei Kinder zu erzeugen oder zu gebären' (I.P.P. 55; Dio 55, 2; vgl.

2. Den Dichter Ovid hatte im Jahre 8/761 das harte Schicksal der Verbannung getroffen. Den eigentlichen Grund dieser Strafe hat er wolweislich verschwiegen, ohne Frage, weil er in einem das Kaiserhaus schwer compromittirenden Vorgang bestand [1]), und auch Augustus hat ihn nicht zur öffentlichen Kenntnis gebracht. Vorgeschoben wurde die Ars amatoria, durch welche Ovid unter Missachtung der Gesetze zum Ehebruch verleitet habe. (Trist. II 345 f.:

Haec tibi me invisum lascivia fecit ob Artes,
quas ratus es vetitos sollicitasse toros.

ebd. 243; Ex Ponto III 3, 50. 57 f.:

Quid tamen hoc prodest, vetiti si lege severa
credor adulterii composuise notas.)

Oft genug führt er dies Buch als Grund seines Missgeschickes an und wünscht es nie geschrieben zu haben (Trist. I 1, 111 ff; 9, 55 ff; II 5 ff. 61. 77 ff. 87. 95. 207. 201 bis zum Schluss; III 1, 4. 8. 66; 2, 5. 6; 3, 73 f. 79. 7, 27 ff; 14, 9 f. 17; V 1, 20 f. 43 f. 67 f; 12, 48. 68; Ex Ponto I 1, 8. 12; 5, 28; II 2, 105 f. 7, 47 f; 9, 73 ff; 10, 11 ff; 11, 2; III 3, 23. 37 ff. 45 ff. 69 f; 5, 21; IV 13, 41; Ibis 5 f.) Umsonst beruft er sich zu seiner Entlastung auf die Eingangsverse (Trist. II 245 ff. 304 f. 347; Ex Ponto III 3, 51 ff.; vgl. ob. S. 44), umsonst weist er auf seine eigene tadellose Führung hin (Tr. I 9, 50 f; II 10, 89. 348; IV 3, 47), umsonst preist er des Augustus Bemühungen um die Besserung der Sitten (Tr. II 233 f.:

urbs quoque te et legum lassat tutela tuarum
et morum, similes quos cupis esse tuis.[2])

Des Kaisers Herz blieb hart, und der Dichter musste seine Verachtung der Lex de adulteriis zehn Jahre nach der Entstehung jenes Buches schwer büssen: in Tomi ist er gestorben.

Augustin c. Pelag. III 22; C. Th. VIII 17, 1). Ohne Frage galt auch von dem *ius communium liberorum* das gleiche, namentlich da Ulpian (16, 1a) die Verleihung als einen der Fälle nennt, in denen die *libera testamenti factio* eintrat.

1) Dass Ovids Vergehen mit dem Ehebruch der jüngeren Iulia (8/761) in Zusammenhang stand, ist eine alte Vermutung. Näheres bei Teuffel R. LG. § 246, 3; Ribbeck Röm. Dichtung II 313 ff.

2) Vgl. ob. S. 29, 1.

Zeitfracht Medien GmbH
Ferdinand-Jühlke-Straße 7
99095 Erfurt, Deutschland
produktsicherheit@kolibri360.de